2022年

国家统一法律职业资格考试

主观题
冲刺案例分析
商　法

汪华亮◎编著

有深度　有温度
有理论　有实务
　　　　　汪华亮

中国政法大学出版社

2022·北京

图书在版编目（ＣＩＰ）数据

2022 年国家统一法律职业资格考试主观题冲刺案例分析. 商法/汪华亮编著. —北京：中国政法大学出版社，2022.8

ISBN 978-7-5764-0613-9

Ⅰ.①2⋯　Ⅱ.①汪⋯　Ⅲ.①商法－中国－资格考试－自学参考资料　Ⅳ.①D92

中国版本图书馆 CIP 数据核字(2022)第 137039 号

出　版　者	中国政法大学出版社
地　　　址	北京市海淀区西土城路 25 号
邮寄地址	北京 100088 信箱 8034 分箱　邮编 100088
网　　　址	http://www.cuplpress.com（网络实名：中国政法大学出版社）
电　　　话	010-58908285(总编室)　58908433（编辑部）58908334(邮购部)
承　　　印	固安华明印业有限公司
开　　　本	787mm×1092mm　1/16
印　　　张	4.5
字　　　数	105 千字
版　　　次	2022 年 8 月第 1 版
印　　　次	2022 年 8 月第 1 次印刷
定　　　价	49.00 元

目　录

第一部分 考点凝练

历届真题考点分析及考前预测

年份	所涉考点		考查方向和角度
2021	公司法	股东出资	出资中无权处分行为的后果
		股权让与担保	股权让与担保的效力
			股权让与担保与股权转让
		组织机构	变更法定代表人的程序
			股东表决权的比例
			公司决议有效的要件
2020	公司法	代持股	实际出资人转让股权的效力
		公司增资	增资决议效力
		组织机构	有限公司增资时股东认缴比例
			董事任免程序
		关联交易	关联交易合同的效力
		股东资格	解除股东资格的条件
2019	公司法	公司增资	有限公司增资时股东认缴比例
			战略发展优先于人合性
		股权质押	股权质权成立条件
			股权质权善意取得
	民诉法	实现担保物权程序	审理过程中利害关系人的救济
			执行程序中利害关系人的救济
		执行异议	执行异议的主体及其实体性权利

续表

年份	所涉考点		考查方向和角度
2018	公司法	股东出资	他人垫资的股权归属
			未完全履行出资义务的股权转让
			未完全履行出资义务的补充赔偿责任
		股权转让	伪造股权转让合同的股权归属
			股权善意取得
		代持股	实际出资人就股权执行的执行异议
2017	公司法	公司治理	公司组织机构的设置
			经理的聘任程序
		公司变更	减资的决议和实施程序
		股权转让	有限公司股东的股权回购请求权
		公司解散	司法判决解散的条件
		公司清算	清算程序的启动
2016	公司法	股东出资	股东违反出资义务的认定及其后果
			未完全履行出资义务的股权转让
		滥用股权	法人人格否认
			深石原则
		股东资格	滥用股权的赔偿责任
			股权与债权关系的区分
2015	公司法	公司决议	公司决议的效力
		股东出资	违反出资义务的后果
			加速到期问题
		增资	增资时股东的优先认缴权
			增资生效的时间
2014	公司法	股东资格	股东资格的确认
		代持股	名义股东处分股权的效力
			实际出资人的救济
		股东出资	出资义务不适用诉讼时效
	破产法	破产财产	董事高管非正常收入的追回

续表

年份	所涉考点		考查方向和角度
2013	公司法	公司设立	设立中公司的性质和地位
		股东出资	非货币财产出资不实的责任
			代垫出资人的责任
			出资中无权处分行为的后果
		股权转让	股权善意取得
2012	公司法	公司治理	股东会决议效力的认定
		权利能力	法定代表人越权行为的效力
		股权质押	股权质押的效力
		股东出资	股权出资的条件
		公司解散	司法判决解散公司的条件和程序
2011	无商法案例题		
2010	公司法	利润分配	利润分配的比例
		股东出资	不动产出资的条件和程序
		抽逃出资	抽逃出资的认定
		股权转让	股东资格的继承
		权利能力	公司越权担保行为的效力
	民法	诉讼时效	诉讼时效的中断
2009	无商法案例题		
2008	无商法案例题		
2007	公司法	股东权利	股东代表诉讼
		公司治理	董事会职权
		股权质押	股权质押的条件
2006	公司法	股东出资	出资不实的责任
		抽逃出资	抽逃出资的责任
	票据法	票据追索	票据追索权的行使
	民法	保证合同	保证责任
2005	公司法	股东权利	股权取得的方式
2004	公司法	公司治理	股东会决议程序
			高管任职资格
			高管对公司的赔偿责任
		公司资本	资本不变原则

续表

年份	所涉考点		考查方向和角度
2003	公司法	股东出资	非货币出资的比例
		公司治理	董事会和监事会的设立
		股权转让	优先购买权
	破产法	破产程序	破产后的责任承担
2002	公司法	股东出资	注册资本的法定要求
			非货币出资的程序和比例
			违反出资义务的责任

根据上表，我们可以发现以下规律和趋势：（1）几乎每年都会有一道商法案例题，在司法考试时代是必答题，在法律职业资格考试时代有可能是选答题；（2）商法的案例题，以公司法为主，可能会涉及破产法、票据法、信托法等商事法律，也有可能会涉及民法或者民诉法，体现了"面向实务"以及"学科融合"的特点；（3）在公司法上，考查频率最高的是公司法总则和有限公司制度，尤其是股东出资、股权转让、股东权利、公司治理等问题。

核心考点背诵

考点一、公司独立人格

1. 公司独立人格，体现在独立财产和独立责任两个方面。独立财产强调公司与股东财产独立。独立责任意味着股东承担有限责任，正常情况下，有限公司股东以其认缴出资额对公司承担责任，即使出现出资瑕疵、抽逃出资等情形，需要对公司债务向债权人承担补充赔偿责任，其责任范围也不超过其欠缴出资或抽逃出资的本息。股东有限责任是现代公司法的基石，若无充分且正当的理由，不得让股东对公司债务承担无限责任。

2. 法人人格否认。《公司法》第20条第3款规定："公司股东滥用公司法人独立地位和股东有限责任，逃避债务，严重损害公司债权人利益的，应当对公司债务承担连带责任。"

（1）法人人格否认的适用条件。常见情形有：一是财产混同，包括：①股东无偿使用公司资金或者财产，不作财务记载的；②股东用公司的资金偿还股东的债务，或者将公司的资金供关联公司无偿使用，不作财务记载的；③公司账簿与股东账簿不分，致使公司财产与股东财产无法区分的；④股东自身收益与公司盈利不加区分，致使双方利益不清；⑤公司的财产记载于股东名下，由股东占有、使用的。二是过度控制，包括：①母子公司之间或者子公司之间进行利益输送的；②母子公司或者子公司之间进行交易，收益归一方，损失却由另一方承担的；③先从原公司抽走资金，然后再成立经营目的相同或者类似的公司，逃避原公司债务的；④先解散公司，再以原公司场所、设备、人员及相同或者相似的经营目的另设公司，逃避原公司债务的。

横向人格混同。具体而言，关联公司之间在人员、业务、资产方面交叉混同难以区分的，债权人有权参照《公司法》第20条第3款请求其承担连带责任。注意，纵向混同是追究股东责任，横向混同是追究关联公司责任。

（2）适用法人人格否认制度的后果是债权人有权要求相应的股东对公司债务承担连带责任，但不能扩及其他所有股东。

（3）法人人格否认之诉的程序问题。具体而言：①债权人对债务人公司享有的债权已经由生效裁判确认，其另行提起公司人格否认诉讼，请求股东对公司债务承担连带责任的，列股东为被告，公司为第三人；②债权人对债务人公司享有的债权提起诉讼的同时，一并提起公司人格否认诉讼，请求股东对公司债务承担连带责任的，列公司和股东为共同被告；③债权人对债务人公司享有的债权尚未经生效裁判确认，直接提起公司人格否认诉讼，请求公司股东对公司债务承担连带责任的，人民法院应当向债权人释明，告知其追加公司为共同被告。债权人拒绝追加的，人民法院应当裁定驳回起诉；④从举证责任上讲，原则上由债权人对适用法人人格否认负举证责任，但是对于一人公司，应当实行举证责任倒置，由被告股东证明自己与公司财产独立，否则承担连带责任。另须注意，法人人格否认，原则上必须以诉讼方式确认，不能直接在执行程序中主张，但是一人公司除外。

3. 分公司。分公司具有民事主体资格，可以自己的名义订立合同，也可以自己的名义独立参加诉讼。但是，分公司不具有法人资格，其财产视为公司财产，其民事责任由公司承担。作为被执行人的分公司，不能清偿生效法律文书确定的债务，申请执行人申请变更、追加该公司为被执行人的，法院应予支持。公司直接管理的责任财产仍不能清偿债务的，法院可以直接执行该公司其他分公司的财产。作为被执行人的公司，直接管理的责任财产不能清偿生效法律文书确定债务的，法院可以直接执行其分公司的财产。

4. 子公司。公司可以设立子公司，子公司具有法人资格，依法独立承担民事责任。在这一问题上，试题可能会涉及法人人格否认问题，包括母公司对子公司过度控制、母公司与子公司财产混同等。但是需要注意，母公司与子公司的关系，并不必然导致法人人格否认的适用。

5. 公司诉讼的第三人撤销之诉问题。对于公司与他人诉讼的生效裁判，股东无权提起第三人撤销之诉。对于分公司与他人诉讼的生效裁判，本公司无权提起第三人撤销之诉。

考点二、公司权利能力和行为能力

1. 法定代表人越权行为效力问题。公司的法定代表人，根据章程规定，由董事长、执行董事或者经理担任。公司法定代表人变更，应当办理变更登记。法定代表人超越权限订立合同，属于表见代表行为，除相对人知道或者应当知道以外，该代表行为有效。

2. 超越经营范围订立的合同效力问题。当事人超越经营范围订立合同，法院不因此认定合同无效，但违反国家限制经营、特许经营以及法律、行政法规禁止经营规定的除外。

3. 公司对外投资和担保行为。根据《公司法》第15、16条：（1）公司可以向其他企业投资；但是，除法律另有规定外，不得成为对所投资企业的债务承担连带责任的出资人。（2）公司向其他企业投资或者为他人提供担保，依照公司章程的规定，由董事会或者股东会、股东大会决议；公司章程对投资或者担保的总额及单项投资或者担保的数额有限额规定的，不得超过规定的限额。（3）公司为公司股东或者实际控制人提供担保的，必须经股东会或者股东大会决议。该股东或者该实际控制人支配的股东，不得参加上述事项的表决。该项表决由出席会议的其他股东所持表决权的过半数通过。

（1）越权担保

法定代表人违反上述规定，超越权限代表公司与相对人订立担保合同，相对人善意的，担保合同对公司发生效力；相对人非善意的，担保合同对公司不发生效力。法定代表人超越权限提供担保造成公司损失，公司有权请求法定代表人承担赔偿责任。

善意是指相对人在订立担保合同时不知道且不应当知道法定代表人超越权限。相对人有证据证明已对公司决议进行了合理审查，应当认定其构成善意，但是公司有证据证明相对人知道或者应当知道决议系伪造、变造的除外。

（2）无须决议

有下列情形之一，公司以其未依照《公司法》关于公司对外担保的规定作出决议为由主张不承担担保责任的，不予支持：①金融机构开立保函或者担保公司提供担保；②公司为其全资子公司开展经营活动提供担保；③担保合同系由单独或者共同持有公司2/3以上对担保事项有表决权的股东签字同意。上述②③不适用于上市公司对外提供担保。

（3）一人有限责任公司

一人有限公司为其股东提供担保，无须决议。公司因承担担保责任导致无法清偿其他债务，提供担保时的股东不能证明公司财产独立于自己的财产，其他债权人有权请求该股东承担连带责任。

（4）分支机构

公司的分支机构未经公司股东（大）会或者董事会决议以自己的名义对外提供担保，相对人请求公司或者其分支机构承担担保责任的，不予支持，但是相对人不知道且不应当知道分支机构对外提供担保未经公司决议程序的除外。

考点三、股东资格

1. 股东资格的取得。可以通过公司设立或增资时的认缴出资或认购股份而原始取得股东资格，也可以通过转让、继承、公司合并等方式继受取得股东资格。此外，善意取得也被视为一种原始取得方式。

2. 股东资格的确认。对有限公司而言，对内以股东名册为准，记载于股东名册的股东可以主张行使股东权利；对外以公司登记为准，未经登记或者变更登记的，不得对抗善意第三人。需要强调的是，不论是股东名册还是公司登记，都只是权利外观，必须以出资、受让股权等基础性法律关系为基础。就内部关系而言，可以依据基础性法律关系推翻权利外观。

3. 隐名出资问题。（1）代持股合同的效力依民法和其他法律判断，《公司法》并不禁止。例如，代持保险公司股权、代持上市公司股份的合同，因为违反了法律强制性规定或者损害公共利益，被法院判决无效。（2）股权归属。因为具备完整的权利外观，名义股东具备股东资格，享有股东权利，实际出资人只能依据代持股合同享有债权。（3）实际出资人"浮出水面"。若实际出资人请求公司改变股东名义，应经其他股东半数以上同意。即便未经其他股东半数以上同意，实际出资人能够提供证据证明有限责任公司过半数的其他股东知道其实际出资的事实，且对其实际行使股东权利未曾提出异议的，对实际出资人提出的登记为公司股东的请求，也应予以支持。（4）名义股东擅自处分股权。名义股东转让、质押或以其他方式处分股权，善意第三人可以取得股权或者股权质权。名义股东处分股权造成实际出资人损失，实际出资人有权请求名义股东承担赔偿责任，该责任在性质上属于违约责任。（5）对外责任由名义股东承担，有权向实际出资人追偿。

4. 股东除名。（1）适用条件。法定条件包括完全未履行出资义务或抽逃全部出资两种情形。但是，如果公司章程另有规定，且该规定不违反法律、不损害公共利益或他人利益的，依其规定。（2）前置程序。公司应履行催告义务，并经过合理期间。在合理期间内仍未缴纳或者返还出资的，方可解除该股东的股东资格。（3）决议程序。公司必须召开股东会作出决议，而不得由董事会或者监事会作出决议。在股东会上，被解除资格的股东无表决权。（4）善后措施。解除股东资格之后，应当依法减资或由其他股东或者第三人承担缴资义务。在此之前，被除名股东仍然承担未履行出资义务或者抽逃出资行为的法律责任。

考点四、股东知情权

有限公司股东有权查阅、复制公司章程、股东会会议记录、董事会会议决议、监事会会议决议和财务会计报告。关于有限公司股东查阅会计账簿，需要注意：

1. 前置程序问题。股东要求查阅公司会计账簿的，应当向公司提出书面请求，说明目的。

2. 作为公司拒绝查阅理由的"不正当目的"：（1）股东自营或者为他人经营与公司主营业务有实质性竞争关系业务的，但公司章程另有规定或者全体股东另有约定的除外；（2）股东为了向他人通报有关信息查阅公司会计账簿，可能损害公司合法利益的；（3）股东在向公司提出查阅请求之日前的 3 年内，曾通过查阅公司会计账簿，向他人通报有关信息损害公司合法利益的；（4）股东有不正当目的的其他情形。"不正当目的"由公司负举证责任。

3. 查阅范围问题。会计账簿应当包括总账、明细账、日记账等。是否包括原始凭证和记账凭证，理论和实践中有争议，从股东知情权制度目的角度分析，应允许查阅。

4. 原告资格问题。（1）知情权的主体仅限于股东，所以，原告在起诉时不具有公司股东资格的，法院应当驳回起诉。但是，原告有初步证据证明在持股期间其合法权益受到损害，请求依法查阅或者复制其持股期间的公司特定文件材料的除外。（2）在代持股关系中，实际出资人不具备原告资格，名义股东具备原告资格。

5. 知情权的不可剥夺性。公司章程、股东之间的协议等实质性剥夺股东查阅或者复制公司文件材料的权利，公司以此为由拒绝股东查阅或者复制的，法院不予支持。

6. 可辅助性。股东在场 + 专业人员。

考点五、利润分配

1. 利润分配的顺序。《公司法》禁止公司在无利润或亏损的情况下分配利润，要求公司以法定公积金的形式强制积累。

2. 利润分配的比例。对有限公司而言，股东按照实缴的出资比例分取红利，但是全体股东另有约定的除外。

3. 利润分配时间。分配决议中有规定的，以分配决议为准；分配决议中没有规定的，以公司章程为准；分配决议和公司章程中均没有规定，或者有规定但时限超过 1 年的，则应当在 1 年内分配完毕。

关于利润分配时间问题，考查角度可能与公司决议效力相关。如果分配决议中载明的分配时间超过了章程的规定，那么，公司决议内容违反章程规定，符合决议可撤销情形，股东有权依法起诉撤销该决议中关于分配时间的部分。分配时间被撤销后，则应当依照章程规定的时间进行分配。

4. 利润分配请求权。（1）原告资格。一般情况下，原告仅限于股东，但对股东没有持股比例和时间的限制；有限公司股东的认定，应以"内部事项"标准进行，也就是说，以股东名册为准。（2）公司自治与司法介入。原则上，是否分配利润属于公司自治范围，司法不应干预。但是，如果出现大股东过度压榨小股东的情形，如公司不分配利润，但董事、高级管理人员领取过高薪酬；由控股股东操纵公司购买与经营无关的财物或者服务，用于其自身使用或者消费；隐瞒或者转移利润等，法院应当介入，强制公司分配利润。

考点六、股东代表诉讼

1. 关于前置程序问题。原则上应当"书面请求交叉起诉"，但是，若前置程序不具有客观上的可能性，对于股东未经前置程序直接提起的代表诉讼，法院应当受理。

2. 当事人问题。股东以自己的名义起诉。在股东资格方面，有限公司所有股东可以起诉，股份有限公司连续 180 日以上单独或者合计持有公司 1% 以上股份的股东可以起诉。一审法庭辩论终结前，符合条件的其他股东，以相同的诉讼请求申请参加诉讼的，应当列为共同原告。应当列公司为无独立请求权第三人。

3. 在关联交易中的适用。在关联交易损害公司利益的情况下，公司不太可能直接起诉关联方，因此股东代表诉讼有用武之地。

4. 诉讼效果的归属。股东代表诉讼的胜诉利益归属于公司，胜诉或部分胜诉的合理费用也由公司承担。

5. 股东代表诉讼的调解问题。调解协议只有经公司股东（大）会决议通过后才能生效。公司章程也可以规定经董事会决议后生效。

6. 股东代表诉讼的反诉问题。法院是否受理被告的反诉，主要取决于被告反诉的理由。如果被告以原告股东恶意起诉侵犯其合法权益为由提出反诉的，法院应当受理。如果被告以原告股东在涉案纠纷中应当承担侵权或者违约等责任为由对原告股东提出反诉的，因不符合反诉的要件，法院应当裁定不予受理；已经受理的，裁定驳回起诉。

7. 股东代表诉讼与仲裁条款。多数观点认为，如果公司已经与他人达成有效的仲裁协议，股东就仲裁协议约定的仲裁事项对他人提起股东代表诉讼的，法院不予受理。问题在于，如果公司不按照仲裁协议申请仲裁，股东能否参照《公司法》关于股东代表诉讼的规定，以自己的名义向他人申请仲裁？基于对股东代表诉讼制度的目的，应该允许。

考点七、股东义务

1. 滥用股权。滥用股权主要包括滥用财产管理权、滥用表决权和滥用经营管理权等形式。其法律后果，主要表现在对公司和对股东两方面，公司股东滥用股东权利给公司或者其他股东造成损失的，应当依法承担赔偿责任。

2. 关联交易。关联交易就是公司与关联方之间的交易。关联关系，是指公司控股股东、实际控制人、董事、监事、高级管理人员与其直接或者间接控制的企业之间的关系，以及可能导致公司利益转移的其他关系。注意：

（1）关联交易损害公司利益的责任问题。公司的控股股东、实际控制人、董事、监事、高级管理人员不得利用其关联关系损害公司利益。否则，给公司造成损失的，应当承担赔偿责任。被告仅以该交易已经履行了信息披露、经股东会或者股东大会同意等法律、行政法规或者公司章程规定的程序为由抗辩的，法院不予支持。

（2）关联交易合同的效力问题。《公司法》并不禁止关联交易，因此，不能仅以关联交易为由而否认合同的效力。但是，如果关联交易存在恶意串通损害第三人利益、违反法律或行政法规的强制性规定等情形，应依据民法认定其无效；若存在显失公平等情形，当事人可依据民法请求法院撤销。

（3）在上述两种情况下，公司直接起诉关联方的可能性不大，所以，股东代表诉讼有用武之地。

3. 深石原则。在从属公司进行清算时，根据控制股东是否有不公平行为，而决定其债权是否应劣后于其他债权人受偿的原则。我国《公司法》并未规定，理论上也有争议。支持深石原则的理论依据主要是公平原则，反对深石原则的理论依据主要是债权平等原则。

考点八、董监高的义务和责任

1. 抽象的忠实与勤勉义务。董事、监事、高级管理人员应当遵守法律、行政法规和公司章程，对公司负有忠实义务和勤勉义务。

2. 具体的忠实义务。不得有下列行为：（1）违反公司章程的规定，未经股东会、股东大会或者董事会同意，将公司资金借贷给他人或者以公司财产为他人提供担保；（2）违反公司章程的规定或者未经股东会、股东大会同意，与本公司订立合同或者进行交易；（3）未经股东会或者股东大会同意，利用职务便利为自己或者他人谋取属于公司的商业机会，自营或者为他人经营与所任职公司同类的业务。

上述三种行为的后果是，所得收入归公司所有。若给公司造成损失的，还应承担赔偿责任。

考点九、发起人责任

1. 设立中公司。其理论要点为"视为合伙，自动接续"。

2. 设立中的费用和债务问题。从对外和对内两个角度考虑。对外，债权人有权请求全体或部分发起人对设立公司行为所产生的费用和债务承担连带清偿责任。对内，有约定按约定，无约定按出资比例，无法确定出资比例的平均分担。当然，如果因部分发起人过错导致公司未能成立，则应考虑过错程度分担。

3. 发起人以自己名义对外签订合同。若该合同系为设立公司目的签订，公司成立后，对方当事人有权请求公司或该发起人承担责任。若公司未成立，对方当事人有权请求全体发起人承担连带责任。

4. 发起人以设立中公司名义对外签订合同。合同效力不受影响。合同责任，公司成立的由公司承担，公司未成立的由全体发起人承担。

考点十、公司增资、减资、合并、分立

1. 决策程序。增资、减资、合并、分立，均属于特别决议事项，均应当经股东（大）会以特别多数通过决议。但是需要注意两点：（1）如果增资决议包含新增资本的认缴比例问题，应确保异议股东可以按照实缴出资比例优先认缴新增资本；（2）减资原则上由全体股东同比例减资，若减资决议侵害部分股东权利，则应认定无效。

2. 增资时有限公司股东的优先认缴权问题。除全体股东另有约定外，有限公司股东有权优先按照实缴的出资比例认缴出资。公司战略发展优先于人合性，对于其他股东放弃认缴的新增资本，股东并不享有优先认缴权。

3. 对赌协议问题。实践中所称的"对赌协议"，又称估值调整协议，是指在股权性融资协议中包含了股权回购或者现金补偿等内容的交易安排。分两种情形处理：

（1）对于投资方与股东或者实际控制人签订的对赌协议的效力，无论涉及补偿条款还是回购条款，实践中均认可其合法有效，并无争议。

（2）投资方与目标公司签订的对赌协议的效力，通常也应认定有效，但投资方主张实际履行的，法院应当审查是否符合《公司法》关于"股东不得抽逃出资"及股份回购的强制性规定，判决是否支持其诉讼请求。

4. 减资中的通知和公告程序问题。公司减资时未依法履行通知已知或应知的债权人的义务，公司股东不能证明其在减资过程中对怠于通知的行为无过错的，当公司减资后不能偿付减资前的债务时，公司股东应就该债务对债权人承担补充赔偿责任。

5. 合并中的债权人保护问题。公司合并有可能会损害债权人利益，为此，《公司法》规定了两种债权人保护机制：（1）通知和公告程序。债权人可以要求公司清偿债务或者提供相应的担保。（2）债权债务概括承受。合并各方的债权、债务，应当由合并后存续的公司或者新设的公司承继。

6. 分立的法律后果。公司分立前的债务由分立后的公司承担连带责任。但是，公司在分立前与债权人就债务清偿达成的书面协议另有约定的除外。

考点十一、公司解散和清算

1. 司法判决解散公司。

（1）条件。公司僵局，是指公司治理结构上的困难，包括公司股东僵局和董事僵局两种情形。这既是公司解散诉讼的立案受理条件，同时也是判决公司解散的实质审查条件根据。公司僵局具体包括：①公司持续2年以上无法召开股东会或者股东大会，公司经营管理发生严重困难的；②股东表决时无法达到法定或者公司章程规定的比例，持续2年以上不能做出有效的股东会或者股东大会决议，公司经营管理发生严重困难的；③公司董事长期冲突，且无法通过股东会或者股东大会解决，公司经营管理发生严重困难的。以下情形不属于"公司僵局"：①股东知情权、利润分配请求权等权益受到损害；②公司亏损、财产不足以偿还全部债务；③公司被吊销企业法人营业执照未进行清算。

（2）公司僵局的替代解决方案。法院审理涉及有限责任公司股东重大分歧案件时，应当注重调解。当事人协商一致以下列方式解决分歧，且不违反法律、行政法规的强制性规定的，法院应予支持：①公司回购部分股东股份；②其他股东受让部分股东股份；③他人受让部分股东股份；④公司减资；⑤公司分立。

（3）程序性问题。①原告仅限于单独或者合计持有公司全部股东表决权10%以上的股东。原告资格取决于原告股东的表决权比例，与其是否实际缴资并没有必然联系。②被告仅限于公司，其他股东可以共同原告或者第三人身份参加诉讼。③解散与清算程序相互独立。股东提起解散公司诉讼，同时又申请法院对公司进行清算的，法院对其提出的清算申请不予受理。④判决的效力。判决解散的，对公司全体股东具有法律约束力。判决驳回的，原告或者其他股东又以同一事实和理由提起解散公司诉讼的，不予受理。

2. 公司清算。

（1）清算程序的启动。无论是何种解散原因，均应在公司解散后及时自行清算。否则，债权人、股东、董事以及其他利害关系人有权请求法院指定清算组清算。

（2）清算组责任。清算组成员从事清算事务时，违反法律、行政法规或者公司章程给公司或者债权人造成损失，公司或者债权人有权主张其承担赔偿责任。公司不主张的，符合条件的股东可以依法提起股东代表诉讼。若公司已经清算完毕注销，符合条件的股东可以直接以清算组成员为被告、其他股东为第三人向人民法院提起诉讼。

（3）清算义务人责任。清算义务人怠于履行清算义务，导致公司主要财产、账册、重要文件等灭失，无法进行清算，债权人有权主张其对公司债务承担连带清偿责任。

考点十二、公司治理结构

1. 权力分配。正常情况下，公司会设立股东会、董事会和监事会。小型有限公司可以不设董事会而代之以执行董事，可以不设监事会而代之以1、2名监事。3个法人机关分别行使重大事项决策权、经营决策权和监督权，同时允许公司章程作出具体的规定。

人事权力的分配：（1）股东会选举和更换非由职工代表担任的董事、监事，决定有关董事、监事的报酬事项。职工代表董事、监事，由职工民主选举产生和罢免，并通知公司。（2）董事会决定聘任或者解聘公司经理及其报酬事项，并根据经理的提名决定聘任或者解聘公司副经理、财务负责人及其报酬事项。（3）经理提请聘任或者解聘公司副经理、财务负责人；决定聘任或者解聘除应由董事会决定聘任或者解聘以外的负责管理人员。

2. 权力运行。

（1）股东会。这里主要展开有限公司股东会的运行程序。①按照董事会（执行董事）—监事会（监事）—代表1/10以上表决权的股东的顺序行使召集权。要注意的是，是否召开股东会属于公司自治问题，如果股东起诉公司，诉请法院强制公司召开股东会，法院不予受理。②一般应在召开15日前通知全体股东，章程另有规定或全体股东另有约定的除外。③一般按认缴出资比例行使表决权，章程另有规定的除外。④特别决议事项须经代表2/3以上表决权的股东通过。

（2）董事会。①按照董事长—副董事长—半数以上董事共同推举的一名董事的顺序召集和主持董事会。②一人一票。③董事无因解除。公司与董事之间实为委托关系，公司有权依股东会决议无因解除董事职务，但应给予合理补偿。需要注意，职工代表董事不由股东决议任免，而由职工民主选举任免。

（3）监事会。①如果公司设立监事会，则至少包含1/3的职工代表。②监事不得兼任董事或者高管。

（4）表决权自主。对于公司议案，公司股东或者其派出董事有权独立进行判断，即便表决意见可能构成滥用股东权利损害公司利益，但其后果应通过赔偿责任制度来进行规制，也不应在法律上强制公司股东或者其派出董事必须投赞同票或者反对票，否则就损害了公司股东或者其派出董事的独立表决权。

3. 公司决议效力。

（1）决议有效。如果公司决议内容和程序均不违反法律、行政法规或公司章程的，该决议有效。

（2）决议不成立。这是指公司未形成团体意志，往往是存在特别严重的程序瑕疵，具体情形包括：①公司未召开会议的，但依据《公司法》或者公司章程规定可以不开会而直接作出决定，并由全体股东在决定文件上签名、盖章的除外；②会议未对决议事项进行表决的；③出席会议的人数或者股东所持表决权不符合《公司法》或者公司章程规定的；④会议的表决结果未达到《公司法》或者公司章程规定的通过比例的；⑤导致决议不成立的其他情形。从逻辑上讲，不成立的决议，无须再去判断是否有效。

（3）决议无效。①决议无效事由为内容上的严重瑕疵，即公司决议内容违反法律、行政法规。②确认决议不成立、无效诉讼，原告可以为股东、董事、监事等。③确认决议不成立、无效诉讼，原则上没有诉讼时效或者除斥期间的限制，但是基于诚实信用原则和商事效率原则，在决议作出之后过长时间再起诉的，法院可以不予支持。

（4）决议可撤销。①可撤销事由包括决议内容违反章程或者会议召集程序、表决方式违反法律、行政法规或者公司章程。②但会议召集程序或者表决方式仅有轻微瑕疵，且对决议未产生实质影响的，不予撤销。③撤销之诉的除斥期间为决议作出之日起60日内，该期间不可中断、中止或延长，也不是从股东知道或者应当知道之日起算。④原告仅限于公司股东，起诉时应具备股东资格，若在诉讼中转让股权，则根据"当事人恒定和诉讼承继原则"处理。

（5）内外有别。①内部溯及力：公司决议被法院生效判决否认的，自始没有法律约束力。公司根据决议已办理变更登记的，应当向公司登记机关申请撤销变更登记。②对外无溯及力：公司依据该决议与善意相对人形成的民事法律关系不受影响。

考点十三、有限公司股东出资

1. 出资行为的本质。出资行为本质上是一种处分行为。这就使得股东出资问题与民法结合起来。（1）无权处分。若发生无权处分，则依民法规则处理。在公司为善意的情况下，可以由公司善意取得股东的出资财产，并视为股东履行了出资义务。股东和第三人的关系，依民法解决。（2）考虑到货币的特殊性，如果股东以贪污、受贿、侵占、挪用等违法犯罪所得的货币出资，则视为其履行了出资义务，公司取得货币所有权。将来对违法犯罪行为予以追究、处罚时，应当采取拍卖或者变卖的方式处置其股权。

2. 出资方式的多样性。包括货币以及实物、知识产权、土地使用权等可以用货币估价并可以依法转让的非货币财产（如股权、债权、采矿权、净资产等），但不包括信用、劳务、姓名、商誉、特许经营权。

需要注意：（1）非货币财产出资，其条件是"可以用货币估价并可以依法转让"。（2）股权出资，本质上是股权转让，需要同时符合4个条件：①出资的股权由出资人合法持有并依法可以转让；②出资的股权无权利瑕疵或者权利负担；③出资人已履行关于股权转让的法定手续；④出资的股权已依法进行了价值评估。（3）债权出资，本质上是债权让与，应结合民法关于债权让与的规则理解和记忆，如果股东用其对公司的债权出资，就是通常所说的"债转股"。

3. 出资期限的灵活性。原则上，股东根据章程规定的期限缴资，也就是说，实行注册资本认缴登记制，但法定实行注册资本实缴登记制的少数特殊行业除外。

需要注意：

（1）加速到期问题。债权人以公司不能清偿到期债务为由，请求未届出资期限的股东在未出资范围内对公司不能清偿的债务承担补充赔偿责任的，法院一般不予支持。但是，下列情形除外：①公司作为被执行人的案件，法院穷尽执行措施无财产可供执行，已具备破产原因，但不申请破产的；②在公司债务产生后，公司股东（大）会决议或以其他方式延长股东出资期限的。另外，根据《公司法》和《企业破产法》的规定，当公司进入解散清算程序或者法院受理公司破产申请的，也适用加速到期。

（2）出资期限的变更。两点限制：①股东不得恶意延长出资期限以逃避履行出资义务。②将出资期限提前，原则上需要全体股东一致同意，且具备正当理由。若控股股东滥用股权，强行通过股东会决议修改章程，将出资期限提前，损害其他股东利益，该股东会决议应认定为无效。

4. 违反出资义务的后果。

（1）股东资格：原则上不受影响，但完全未履行出资义务的股东经公司催告在合理期间内仍未缴纳的，股东会可以决议解除其股东资格。

（2）对其他股东：向其他完全履行了出资义务的股东承担违约责任。若全体股东均存在违反出资义务的情况，则相互之间仍然要承担违约责任。

（3）对公司：公司或其他股东可以请求其向公司履行出资义务，不受诉讼时效限制。需要注意，其他股东也有权直接起诉，要求股东缴资。

（4）对债权人：在未出资本息范围内对公司债务不能清偿的部分承担补充赔偿责任，只要债权人的债权未过诉讼时效即可。此种补充赔偿责任，可以不经诉讼程序，直接在执行程序中主张，也就是说，作为被执行人的公司，其财产不足以清偿生效法律文书确定的债务，申请执行人申请变更、追加未缴纳或未足额缴纳出资的股东、出资人或依《公司法》规定对该出资承担连带责任的发起人为被执行人，在尚未缴纳出资的范围内依法承担责任的，法院应予支持。

（5）股权限制：公司根据公司章程或股东会决议，可对其新股优先认购权、剩余财产分配请求权、利润分配请求权等股东权利作出相应的合理限制。

（6）其他发起人：就上述（3）和（4）承担连带责任，并有权向未履行出资义务的股东追偿。

（7）受让股东：股东未履行或者未全面履行出资义务即转让股权，受让人对此知道或者应当知道的，受让人和该股东向公司和债权人承担连带责任。

此外，还有一种违反出资义务的行为叫非货币财产出资不实，此时应当由交付该出资的股东补足其差额；公司设立时的其他股东承担连带责任。

5. 抽逃出资。抽逃出资和违反出资义务，在本质上是相同的，因此责任也相近。（1）抽逃出资的认定。抽逃出资是指未经法定程序将其出资全部或者部分抽回的行为，典型的包括制作虚假财务会计报表虚增利润进行分配、通过虚构债权债务关系将其出资转出、利用关联交易将出资转出等。（2）抽逃出资的法律后果。向公司返还本息，向债权人承担补充赔偿责任；协助抽逃出资的其他股东、董事、高级管理人员、实际控制人或者其他共同侵权人承担连带责任。抽逃全部出资，经催告后在合理期限内未返还，有限公司股东会可决议解除其股东资格。

考点十四、有限公司股权转让

1. 基于股东意愿的转让。就股东之间的转让而言，除章程另有规定以外，不需要经其他股东同意，其他股东也不享有优先购买权。

就股东对外转让股权而言，需要注意：

（1）优先购买权的适用范围。有限公司股东之间转让股权，或者自然人股东因继承发生变化时，其他股东不享有优先购买权，但公司章程另有规定或者全体股东另有约定的除外。

（2）同等条件的含义。"同等条件"，应当考虑转让股权的数量、价格、支付方式及期限等因素。转让方与受让方之间的人身关系，不属于"同等条件"。

（3）行使期限。优先购买权产生于其他股东收到股权转让条件通知之日，并且应当在特定期限内行使。期限由章程规定，章程没有规定行使期间或规定不明确的，以通知确定的期间为准，通知确定的期间短于30日或者未明确行使期间的，行使期间为30日。

（4）拟转让股东的反悔权。在其他股东主张优先购买后，拟转让股东有权放弃转让，但公司章程另有规定或者全体股东另有约定的除外。其他股东主张转让股东赔偿其损失合理的，应予支持。

（5）损害优先购买权的法律后果。转让股东未就其股权转让事项征求其他股东意见，或者以欺诈、恶意串通等手段，损害其他股东优先购买权，其他股东有权主张按照同等条件购买该转让股权，但应当自知道或应当知道行使优先购买权的同等条件之日起30日内并且自股权变更登记之日起1年内行使。

（6）损害优先购买权的股权转让合同效力。不应仅仅因为损害股东优先购买权认定合同无效、撤销合同。股东以外的股权受让人，因股东行使优先购买权而不能实现合同目的的，可以依法请求转让股东承担相应民事责任。但是，若存在民法上的合同无效事由，如通谋虚伪行为、恶意串通损害第三人利益的，应认定合同无效。

（7）股权变动。当事人之间转让有限责任公司股权，受让人以其姓名或者名称已记载于股东名册为由主张其已经取得股权的，法院依法予以支持，但法律、行政法规规定应当办理批准手续生效的股权转让除外。未向公司登记机关办理股权变更登记的，不得对抗善意相对人。

2. 股权强制执行。为兼顾人合性和强制执行程序的效率，《公司法》规定，法院依照法律规定的强制执行程序转让股东的股权时，应当通知公司及全体股东，其他股东在同等条件下有优先购买权。其他股东自人民法院通知之日起满20日不行使优先购买权的视为放弃优先购买权。

3. 股权回购。

（1）条件问题。首先，《公司法》赋予股东在三种情形下享有股权回购请求权；公司连续5年不向股东分配利润，而该5年连续盈利，并符合法定的分配利润条件的；公司合并、分立、转让主要财产的；公司章程规定的营业期限届满或公司章程规定的其他解散事由出现，股东会会议通过决议修改公司章程使公司存续的。符合任一条件即可。其次，《公司法》并不禁止公司章程规定其他的股权回购条件。

（2）主体问题。享有股权回购请求权的，仅限于对股东会该项决议投反对票的股东（解释上还包括非因本人原因而未能出席股东会的异议股东）。股权回购请求权的对象，仅限于公司，而不包括其他股东。

（3）善后问题。公司应该尽快通过股权转让或者依法减资等方式处分其持有的自己的股权。

4. 股权让与担保。让与担保是民法上一个重要问题，若以股权设定让与担保，则与《公司法》有关。《最高人民法院关于适用〈中华人民共和国民法典〉有关担保制度的解释》第69条规定："股东以将其股权转移至债权人名下的方式为债务履行提供担保，公司或者公司的债权人以股东未履行或者未全面履行出资义务、抽逃出资等为由，请求作为名义股东的债权人与股东承担连带责任的，人民法院不予支持。"根据上述规定并结合让与担保的基本理论，股权让与担保有三个要点：（1）股权让与担保是担保制度，而不是股权转让制度，因此其他股东不享有优先购买权，债权人也并没有取得股权，既不享有股东权利，也不承担股东义务和责任；（2）在符合约定条件的情况下，债权人享有以该股权折价或就股权变价款优先受偿的权利；（3）如果当事人约定债务人不能履行到期债务时，该股权直接归属于债权人的，该约定无效。

考点十五、合伙企业与个人独资企业

1. 合伙企业。合伙企业为商事主体之一，在《民法典》上的定位为非法人组织。理解合伙企业，应从其内部关系和外部关系等角度出发。所谓内部问题，主要涉及合伙事务的决议、入伙、退伙、合伙份额转让等知识点。内部问题的核心在于合伙的人合性和自治性，人合性表现为合伙份额转让和质押规则更加严格、合伙事务决议采取人头多数决而非资本多数决等，自治性体现为绝大部分内部问题均可通过合伙协议约定。外部问题，主要涉及合伙企业债务清偿、合伙人对外责任等知识点。外部问题的核心在于强制性，主要体现为普通合伙人要对合伙企业债务承担无限连带责任，且无法通过合伙协议的约定来免除。此外，合伙事务执行，既涉及内部问题，也涉及外部问题。

2. 个人独资企业为商事主体之一，在《民法典》上的定位为非法人组织。企业财产归投资人所有；投资人以其个人财产对企业债务承担无限责任；个人独资企业投资人在申请企业设立登记时明确以其家庭共有财产作为个人出资的，应当依法以家庭共有财产对企业债务承担无限责任；个人独资企业投资人对本企业的财产依法享有所有权，其有关权利可以依法进行转让或继承；投资人对受托人或者被聘用的人员职权的限制，不得对抗善意第三人。同时，应注意个人独资企业和一人有限公司的区分。

考点十六、破产法程序性规则

1. 破产原因。我国《企业破产法》对破产原因的规定，采用双重标准。一是现金流标准，即"不能清偿到期债务"，二是资产负债表标准，即"资产不足以清偿全部债务或明显缺乏清偿能力"。对于债务人是否具备破产原因，应当采用"独立判断原则"，相关当事人以对债务人的债务负有连带责任的人未丧失清偿能力为由，主张债务人不具备破产原因的，不予支持。需要注意的是，破产原因是法院裁定宣告破产的条件，而不是法院裁定受理或者当事人申请破产的条件。对债权人而言，申请破产的条件只有"不能清偿到期债务"。

2. 受理破产申请的法律效果。法院受理破产申请时，破产程序开始。为实现公平偿债的目的，破产法规定了一系列法律效果，概括为债权冻结、统一管理和汇集程序。

需要注意：

（1）利息问题。附利息的债权自破产申请受理时起停止计息。破产申请受理后，债务人欠缴款项产生的滞纳金，包括债务人未履行生效法律文书应当加倍支付的迟延利息和劳动保险金的滞纳金，债权人作为破产债权申报的，法院不予确认。

（2）程序问题。①正在进行的有关债务人的民事诉讼或仲裁应当中止；在管理人接管债务人的财产后，该诉讼或仲裁继续进行。上述裁判作出并生效前，债权人可以同时向管理人申报债权，但其作为债权尚未确定的债权人，原则上不得行使表决权，除非法院临时确定其债权额。②破产申请受理前，债权人就债务人财产提起下列诉讼，破产申请受理时案件尚未审结的，人民法院应当中止审理：主张次债务人代替债务人直接向其偿还债务的；主张债务人的出资人、发起人和负有监督股东履行出资义务的董事、高级管理人员，或者协助抽逃出资的其他股东、董事、高级管理人员、实际控制人等直接向其承担出资不实或者抽逃出资责任的；以债务人的股东与债务人法人人格严重混同为由，主张债务人的股东直接向其偿还债务人对其所负债务的；其他就债务人财产提起的个别清偿诉讼。③有关债务人的新的民事诉讼，只能向受理破产申请的法院提起，排除其他一切诉讼管辖规则（但是此前已经达成的仲裁协议不受影响）。法院受理破产申请后，债权人新提起的要求债务人清偿的民事诉讼，法院不予受理，同时告知债权人应当向管理人申报债权。④破产清算和解散清算。债务人同时符合破产清算条件和强制清算条件的，应当及时适用破产清算程序实现对债权人利益的公平保护。债权人对符合破产清算条件的债务人提起公司强制清算申请，经法院释明，债权人仍然坚持申请对债务人强制清算的，法院应当裁定不予受理。

（3）待履行合同问题。对于受理之前成立且双方均未履行完毕的合同，管理人有权决定解除或继续履行，并通知对方当事人。管理人决定继续履行合同的，对方当事人应当履行；但是，对方当事人有权要求管理人提供担保。管理人不提供担保的，视为解除合同。管理人自破产申请受理之日起2个月内未通知对方当事人，或自收到对方当事人催告之日起30日内未答复的，视为解除合同。

（4）新借款问题，按照"依法决议＋优先受偿"规则处理。

（5）管理人的重大财产处分行为。可以总结为"事先表决＋事先报告"规则，"事先表决"是指，应当事先制作财产管理或者变价方案并提交债权人会议进行表决，债权人会议表决未通过的，管理人不得处分。"事先报告"是指，管理人实施处分时应当向债权人委员会报告，没有成立债权人委员会的，管理人应当向法院报告。

（6）诉讼时效中断。债务人对外享有债权的诉讼时效，自人民法院受理破产申请之日起中断。债务人无正当理由未对其到期债权及时行使权利，导致其对外债权在破产申请受理前1年内超过诉讼时效期间的，人民法院受理破产申请之日起重新计算上述债权的诉讼时效期间。

3. 有保证关系的债权申报。此处与民法联系密切，可以结合考查。

（1）债务人破产。债务人的保证人或其他连带债务人已经代替债务人清偿债务的，以其对债务人的求偿权申报债权。债务人的保证人或其他连带债务人尚未代替债务人清偿债务的，以其对债务人的将来求偿权申报债权，但是，债权人已经向管理人申报全部债权的除外。

（2）保证人破产。①保证人被裁定进入破产程序的，债权人有权申报其对保证人的保证债权。②主债务未到期的，保证债权在保证人破产申请受理时视为到期。③一般保证的保证人主张行使先诉抗辩权的，不予支持，但债权人在一般保证人破产程序中的分配额应予提存，待一般保证人应承担的保证责任确定后再按照破产清偿比例予以分配。④保证人被确定应当承担保证责任的，保证人的管理人可以就保证人实际承担的清偿额向主债务人或其他债务人行使偿权。

（3）保证人和债务人都破产。①债务人、保证人均被裁定进入破产程序的，债权人有权向债务人、保证人分别申报债权。②债权人向债务人、保证人均申报全部债权的，从一方破产程序中获得清偿后，其对另一方的债权额不作调整，但债权人的受偿额不得超出其债权总额。③保证人履行保证责任后不再享有求偿权。

4. 破产程序的合并。为提高效率，保护债权人利益，可以进行破产程序的合并。

（1）合并重整。包括程序性合并重整和实体性合并重整。对分别进入重整程序的母子公司或者其他关联企业，可以在程序上进行合并审理。在确认关联企业人格高度混同、资产和负债无法区分或区分成本过高以致严重损害债权人利益，并全面听取各方意见后，将关联企业进行实质性合并重整。

（2）合并破产清算。关联公司虽然为形式上的独立法人，但实际上不具备独立的法人人格，不具备分别进行破产清算的法律基础，可以合并破产清算。

考点十七、破产法实体性规则

1. 债务人财产。包括破产申请受理时属于债务人的财产以及破产申请受理后至破产程序终结前取得的财产，但是债务人占有的别人的财产不属于债务人财产。债务人的股东所欠缴的出资，应当在破产申请受理时补缴，不必等待缴资期限届至。

2. 债务人财产的保护。

（1）欺诈破产行为的撤销。法院受理破产申请前1年内，涉及债务人财产的下列行为，管理人有权请求法院予以撤销：①无偿转让财产的；②以明显不合理的价格进行交易的；③对没有财产担保的债务提供财产担保的；④对未到期的债务提前清偿的；⑤放弃债权的。另外，对于①、②、⑤项，管理人不撤销的，债权人可行使民法上的债权人撤销权。

（2）个别清偿行为的撤销。法院受理破产申请前6个月内，债务人具备破产原因，仍对个别债权人进行清偿的，管理人有权请求法院予以撤销。但是下列情形除外：①债务人对以自有财产设定担保物权的债权进行的个别清偿；②债务人经诉讼、仲裁、执行程序对债权人进行的个别清偿；③债务人为维系基本生产需要而支付水费、电费等的；④债务人支付劳动报酬、人身损害赔偿金的。

（3）特别追回权。债务人的董监高利用职权从企业获取的非正常收入和侵占的企业财产，管理人应当追回，并计入债务人财产。

未来进行破产清算时，管理人追回的绩效奖金和其他非正常收入，可以作为普通破产债权清偿。管理人追回的普遍拖欠职工工资情况下获取的工资性收入，按照该企业职工平均工资计算的部分作为拖欠职工工资清偿；高出该企业职工平均工资计算的部分，可以作为普通破产债权清偿。

3. 破产取回权。法院受理破产申请后，债务人占有的不属于债务人的财产，权利人可以通过管理人取回。这种权利，具有物权请求权属性。

（1）在途标的物的取回。法院受理破产申请时，出卖人已将买卖标的物向作为买受人的债务人发运，债务人尚未收到且未付清全部价款的，出卖人可以取回在运途中的标的物。但是，管理人可以支付全部价款，请求出卖人交付标的物。

（2）代位取回权。债务人占有的他人财产毁损、灭失，因此获得的保险金、赔偿金、代偿物尚未交付给债务人，或者代偿物虽已交付给债务人但能与债务人财产予以区分的，权利人可以取回就此获得的保险金、赔偿金、代偿物。否则，权利人不能行使取回权，只能要求债务人赔偿损失。

（3）所有权保留买卖中的取回权。买方破产，所有权保留买卖合同继续履行的，买方的付款义务在法院受理破产申请时视为到期；买方不付款或不当处分标的物，卖方可以取回标的物，但买方已支付标的物总价款75%以上或者第三人善意取得标的物所有权或其他物权的除外。

4. 破产抵销权。债权人在破产申请受理前对债务人负有债务的，可以向管理人主张抵销。但是要注意的是：

（1）破产抵销权与民法上的法定抵销权不同，它不受期限、标的物种类和品质的限制，如果破产管理人以标的物种类或者品质不同、债务尚未到期等理由主张抵销不成立的，不予支持。

（2）债务人的债务人在破产申请受理后取得他人对债务人的债权的，不得抵销。此处可以和债权让与、公司合并等结合考查。

（3）债务人的股东对债务人的下列债务，不得抵销：①债务人股东因欠缴债务人的出资或抽逃出资对债务人所负的债务；②债务人股东滥用股东权利或关联关系损害公司利益对债务人所负的债务。此处可以和《公司法》结合考查。

5. 破产程序中的担保物权。整体而言，债务人财产上的担保物权受到一些限制，包括：

（1）在破产清算程序中，只有在裁定宣告债务人破产时方可以行使。在此之前，哪怕已经具备民法规定的条件，比如债务人不履行到期债务，也不得行使。

（2）在重整程序中，担保物权暂定行使。但是，担保物有损坏或者价值明显减少的可能，足以危害担保权人权利的，担保权人可以向法院请求恢复行使担保权。经法院审查，若管理人或者自行管理的债务人有证据证明担保物是重整所必需，并且提供与减少价值相应担保或者补偿的，法院应当裁定不予批准恢复行使担保物权。

6. 破产费用和共益债务。

（1）受理后为全体债权人利益发生的程序性费用，为破产费用。具体包括：①破产案件的诉讼费用；②管理、变价和分配债务人财产的费用；③管理人执行职务的费用、报酬和聘用工作人员的费用。法院裁定受理破产申请的，此前债务人尚未支付的公司强制清算费用、未终结的执行程序中产生的评估费、公告费、保管费等执行费用，可以参照破产费用的规定，由债务人财产随时清偿。此前债务人尚未支付的案件受理费、执行申请费，可以作为破产债权清偿。

（2）受理后为全体债权人利益发生的实体性债务，为共益债务。具体包括：①因管理人或债务人请求对方当事人履行双方均未履行完毕的合同所产生的债务；②债务人财产受无因管理所产生的债务；③因债务人不当得利所产生的债务；④为债务人继续营业而应支付的劳动报酬和社会保险费用以及由此产生的其他债务（包括破产受理后为继续营业而发生的借款）；⑤管理人或相关人员执行职务致人损害所产生的债务；⑥债务人财产致人损害所产生的债务。

（3）清偿顺序。破产费用优先于共益债务。若债务人财产不足以清偿破产费用，管理人应提请法院终结破产程序。

7. 破产债权。它是指在破产宣告前成立的，对破产人发生的，依法申报确认并得由破产财产中获得公平清偿的财产请求权。破产债权具有以下特征：（1）基于破产宣告前的原因成立；（2）对破产人发生的无财产担保的债权，或放弃优先受偿权利的有财产担保的债权；（3）为财产上的请求权，即必须是表现为金钱或得折算为金钱的债权；（4）可强制执行，故已过诉讼时效之自然债权或非法债权不得为破产债权；（5）依法申报登记并取得确认，有权在破产程序中受偿。

8. 综合性分配顺序。
（1）物权优先：债务人占有的财产—取回权—别除权 = 破产财产
（2）债权平等：破产财产—破产费用—共益债务—职工债权—国家债权—破产债权

考点十八、票据纠纷

1. 票据无因性。
（1）票据效力、票据行为的效力，通常不受其原因关系的影响。作为原因关系的买卖合同、租赁合同、承揽合同等等法律行为无效、被撤销、被解除的，不影响票据的效力，也不影响出票或者背书等票据行为的效力。

（2）对于票据无因性带来的不公平问题，《票据法》和民法的救济方式不同。《票据法》上的救济方式，主要是票据对人抗辩。民法上的救济方式，主要是基于票据原因关系解决。

2. 票据本身的规则。
（1）票据行为的独立性原理，即某一票据行为无效，不影响其他票据行为效力。
（2）票据背书规则。①背书不得附有条件。附有条件的，所附条件不具有汇票上的效力。②出票人在票据上记载"不得转让"字样，票据持有人背书转让的，背书行为无效。③背书人在汇票上记载"不得转让"字样，其后手再背书转让的，原背书人对后手的被背书人不承担保证责任。④回头背书的追索权受限。

（3）票据保证规则。①要式性。②保证不得附有条件；保证附有条件的，不影响对汇票的保证责任。③连带责任。保证人不享有先诉抗辩权；2 名以上的保证人之间承担连带责任。④追偿权。保证人清偿汇票债务后，可以行使持票人对被保证人及其前手的追索权。

3. 与民法有关的其他票据法规则。
（1）行为能力问题。票据行为是复杂的有偿法律行为，行为人必须具备完全民事行为能力，行为能力有瑕疵者实施的票据行为无效，但是不影响其他真实行为的效力。

（2）代理问题。通常情况下，代理人以自己的名义签章，明确表明为被代理人实施票据行为，其后果由被代理人承担。没有代理权而以代理人名义在票据上签章的，由签章人承担票据责任；代理人超越代理权限的，就其超越权限部分承担票据责任。

（3）质押问题。票据质押，本质上是权利质押。需要注意：①区分原则。票据质权必须以质押背书形式设立，即记载"质押"字样并签章。如果存在关于出质票据的约定，在没有法律和事实障碍的情形下，债权人有权请求出质人完善质押背书，使票据质权有效设立。②其公示方法为质押背书，因此也受到《票据法》关于背书规则的限制。例如，出票人限制背书的，质押背书无效，票据质权不能成立。

4. 恶意申请公示催告的权利救济。（1）在除权判决作出后，付款人尚未付款的情况下，最后合法持票人可以根据《民事诉讼法》规定，在法定期限内请求撤销除权判决，待票据恢复效力后再依法行使票据权利。最后合法持票人也可以基于基础法律关系向其直接前手退票并请求其直接前手另行给付基础法律关系项下的对价。

（2）除权判决做出后，付款人已付款情形下的权利救济。因恶意申请公示催告并持除权判决获得票款行为损害了最后合法持票人的权利，构成侵权，最后合法持票人据此请求申请人承担赔偿责任的，应予支持。当然，最后合法持票人也可以基于基础法律关系向其直接前手退票并请求其直接前手另行给付基础法律关系项下的对价。

（3）公示催告期间背书票据的，背书无效。

考点十九、证券纠纷

1. 虚假陈述的民事责任。信息披露义务人未按照规定披露信息，或者公告的证券发行文件、定期报告、临时报告及其他信息披露资料存在虚假记载、误导性陈述或者重大遗漏，致使投资者在证券交易中遭受损失的，信息披露义务人应当承担赔偿责任；发行人的控股股东、实际控制人、董事、监事、高级管理人员和其他直接责任人员以及保荐人、承销的证券公司及其直接责任人员，应当与发行人承担连带赔偿责任，但是能够证明自己没有过错的除外。

2. 与《证券法》有关的考查角度。

（1）公开征集股东权利。上市公司董事会、独立董事、持有1%以上有表决权股份的股东或者依法设立的投资者保护机构，可以作为征集人，自行或者委托证券公司、证券服务机构，公开请求上市公司股东委托其代为出席股东大会，并代为行使提案权、表决权等股东权利。征集人应当披露征集文件，上市公司应当予以配合。禁止以有偿或者变相有偿的方式公开征集股东权利。

（2）股东代表诉讼的特殊规则。针对董监高、控股股东、实际控制人侵犯公司利益行为，投资者保护机构持有该公司股份的，可以提起股东代表诉讼，持股比例和持股期限不受《公司法》规定的限制（即1%+180天）。

3. 代表人诉讼。

（1）普通代表人诉讼：投资者提起虚假陈述等证券民事赔偿诉讼时，诉讼标的是同一种类，且当事人一方人数众多的，可以依法推选代表人进行诉讼。对代表人诉讼，可能存在有相同诉讼请求的其他众多投资者的，法院可以发出公告，说明该诉讼请求的案件情况，通知投资者在一定期间向法院登记。人民法院作出的判决、裁定，对参加登记的投资者发生效力。

（2）特别代表人诉讼：投资者保护机构受50名以上投资者委托，可以作为代表人参加诉讼，并为经证券登记结算机构确认的权利人向法院登记，但投资者明确表示不愿意参加该诉讼的除外。

考点二十、保险合同纠纷

1. 保险合同理论。

（1）保险合同的格式性，体现在保险人说明义务、不利解释原则以及格式条款无效上。

（2）保险标的转让时的自动承继原则，保险标的的受让人承继被保险人的权利和义务。保险标的已交付受让人，但尚未依法办理所有权变更登记，承担保险标的毁损灭失风险的受让人有权主张行使被保险人权利。

（3）附生效条件合同。当事人在财产保险合同中约定以投保人支付保险费作为合同生效条件，但对该生效条件是否为全额支付保险费约定不明，已经支付了部分保险费的投保人主张保险合同已经生效的，依法予以支持。

（4）基于合同相对性原理，再保险不影响保险人行使代位求偿权。

（5）基于公平原则，保险标的危险程度显著增加的，被保险人有通知义务；若被保险人未履行通知义务，可导致保险人免责。

2. 责任保险。

（1）责任保险的被保险人因共同侵权依法承担连带责任，保险人不得以该连带责任超出被保险人应承担的责任份额为由拒绝赔付保险金。保险人承担保险责任后，可以就超出被保险人责任份额的部分向其他连带责任人追偿。

（2）交通事故的受害人没有过错，其体质状况不属于减轻侵权人责任的法定情形，责任保险的保险人不得以此为由主张减轻赔偿责任。

3. 代位求偿权。

（1）第三人的行为可以是侵权，也可以是违约。

（2）以被保险人与第三者之间的法律关系确定管辖法院。

（3）保险人提起代位求偿权之诉时，被保险人已经向第三者提起诉讼的，法院可以依法合并审理。

（4）保险人行使代位求偿权时，被保险人已经向第三者提起诉讼，保险人向受理该案的法院申请变更当事人，代位行使被保险人对第三者请求赔偿的权利，被保险人同意的，法院应予准许；被保险人不同意的，保险人可以作为共同原告参加诉讼。

（5）被保险人和第三者在保险事故发生前达成的仲裁协议，对保险人具有约束力。

考点二十一、外商投资合同效力

1. 外国投资者投资外商投资准入负面清单规定禁止投资的领域，投资合同无效。

2. 外国投资者投资外商投资准入负面清单规定限制投资的领域，若违反限制性准入特别管理措施，投资合同无效。但是，在法院作出生效裁判前，当事人采取必要措施满足准入特别管理措施的要求，投资合同有效。

3. 在生效裁判作出前，因外商投资准入负面清单调整，外国投资者投资不再属于禁止或者限制投资的领域，投资合同有效。

4. 外商投资准入负面清单之外的领域形成的投资合同，当事人以合同未经有关行政主管部门批准、登记为由主张合同无效或者未生效的，法院不予支持。

考点二十二、信托纠纷

1. 信托的设立。采取信托合同形式设立信托的，信托合同签订时，信托成立。采取其他书面形式设立信托的，受托人承诺信托时，信托成立。信托财产转移给受托人时，信托生效。对于信托财产，有关法律、行政法规规定应当办理登记手续的，应当依法办理信托登记，未依规定办理信托登记的，应当补办登记手续；不补办的，该信托不产生效力。

有下列情形之一的，信托无效：（1）信托目的违反法律、行政法规或者损害社会公共利益；（2）信托财产不能确定；（3）委托人以非法财产或者本法规定不得设立信托的财产设立信托；（4）专以诉讼或者讨债为目的设立信托；（5）受益人或者受益人范围不能确定；（6）法律、行政法规规定的其他情形。

委托人设立信托损害其债权人利益的，债权人有权申请法院撤销该信托。该撤销权自债权人知道或者应当知道撤销原因之日起1年内不行使的，归于消灭。信托被撤销的，不影响善意受益人已经取得的信托利益。

2. 信托财产独立性。信托财产与委托人、受托人和受益人的财产独立。具体而言，委托人死亡或者依法解散、被依法撤销、被宣告破产时，委托人是唯一受益人的，信托终止，信托财产作为其遗产或者清算财产；委托人不是唯一受益人的，信托存续，信托财产不作为其遗产或者清算财产；但作为共同受益人的委托人死亡或者依法解散、被依法撤销、被宣告破产时，其信托受益权作为其遗产或者清算财产。受托人死亡或者依法解散、被依法撤销、被宣告破产而终止，信托财产不属于其遗产或者清算财产。除因下列情形之一外，对信托财产不得强制执行：（1）设立信托前债权人已对该信托财产享有优先受偿的权利，并依法行使该权利的；（2）受托人处理信托事务所产生债务，债权人要求清偿该债务的；（3）信托财产本身应担负的税款；（4）法律规定的其他情形（如受益人主张受益权）。对于违反上述规定而强制执行信托财产，委托人、受托人或者受益人有权向法院提出异议。

3. 信托的变更。（1）委托人撤销权。受托人违反信托目的处分信托财产或者因违背管理职责、处理信托事务不当致使信托财产受到损失的，委托人有权申请人民法院撤销该处分行为，并有权要求受托人恢复信托财产的原状或者予以赔偿；该信托财产的受让人明知是违反信托目的而接受该财产的，应当予以返还或者予以赔偿。该申请权自委托人知道或者应当知道撤销原因之日起1年内不行使的，归于消灭。（2）委托人解任权。受托人违反信托目的处分信托财产或者管理运用、处分信托财产有重大过失的，委托人有权依照信托文件的规定解任受托人，或者申请人民法院解任受托人。（3）委托人可以变更受益人或者处分受益人的信托受益权：①受益人对委托人有重大侵权行为；②受益人对其他共同受益人有重大侵权行为；③经受益人同意；④信托文件规定的其他情形。有上述第①③④项所列情形之一的，委托人可以解除信托。委托人是唯一受益人的，委托人或者其继承人可以解除信托。信托文件另有规定的，从其规定。

4. 信托的终止。有下列情形之一的，信托终止：（1）信托文件规定的终止事由发生；（2）信托的存续违反信托目的；（3）信托目的已经实现或者不能实现；（4）信托当事人协商同意；（5）信托被撤销；（6）信托被解除。信托不因委托人或者受托人的死亡、丧失民事行为能力、依法解散、被依法撤销或者被宣告破产而终止，也不因受托人的辞任而终止。但本法或者信托文件另有规定的除外。信托终止的，信托财产归属于信托文件规定的人；信托文件未规定的，按下列顺序确定归属：（1）受益人或者其继承人；（2）委托人或者其继承人。信托财产的归属确定后，在该信托财产转移给权利归属人的过程中，信托视为存续，权利归属人视为受益人。法院对原信托财产进行强制执行的，以权利归属人为被执行人。受托人行使请求给付报酬、从信托财产中获得补偿的权利时，可以留置信托财产或者对信托财产的权利归属人提出请求。

第二部分　方法论

一、商法案例题的五个类型

1. 是否式题型

此类问题以"一般疑问句"设问，考生需要回答一个确定的结论并说明理由。由于结论只有是或否两种，因此这种题型类似于辨析题。这种题型在考试中所占比例最高。

（1）对于E公司出资的办公用房，甲公司能否主张善意取得？（2021主观题回忆版第六题第1问）

【答案】不能。E公司的出资行为属于无权处分，但是，由于张三既是E公司的法定代表人，同时也是甲公司的法定代表人，其对于E公司无权处分是明知的，而张三的恶意代表甲公司的恶意，因此甲公司不能主张善意取得。

（2）李贝能否以自己并非真正股东为由，主张对潘龙的股权转让行为无效？为什么？（2014卷四第五题第3问）

【答案】依《公司法解释（三）》第24条第3款，李贝虽为名义股东，但在对公司的关系上为真正的股东，其对股权的处分应为有权处分；退一步说，即使就李贝的股东身份在学理上存在争议，但在《公司法解释（三）》第25条第1款股权善意取得的规定下，李贝的处分行为也已成为有权处分行为，因此为保护善意相对人起见，李贝不得主张该处分行为无效。

（3）丁可否主张860万元新股的优先认购权？为什么？（2015卷四第五题第3问）

【答案】不可以。丁主张新股优先认购权的依据，为《公司法》第34条，即"公司新增资本时，股东有权优先按照实缴的出资比例认缴出资"；不过该条所规定的原股东之优先认购权，主要针对的，是增资之股东会决议就新股分配未另行规定的情形；而且行使优先认购权还须遵守另一个限制，即原股东只能按其持股比例或实缴出资比例，主张对新增资本的相应部分行使优先认购权。该增资计划并未侵害或妨害丁在公司中的股东地位，也未妨害其股权内容即未影响其表决权重，因此就余下的860万元的新股，丁无任何主张优先认购权的依据。

（4）大雅公司让白某将原来用作出资的资产转移给美阳公司的行为是否合法？为什么？（2016卷四第五题第4问）

【答案】公司具有独立人格，公司财产是其人格的基础。出资后的资产属于公司而非股东所有，故大雅公司无权将公司资产转移，该行为损害了公司的责任财产，侵害了美森公司、美森公司股东（杜某和石某）的利益，也侵害了甲、乙这些债权人的利益。

（5）孙秒的案外人执行异议是否成立？为什么？（2018主观题回忆版第五题第5问）

【答案】不成立。在代持股关系中，名义股东记载于公司登记资料中，基于公司登记的公信力，名义股东的债权人有理由相信该股权为名义股东所拥有，并有权主张强制执行该股权。实际出资人不得以其实际出资的事实对抗名义股东的债权人的强制执行。

2. 开放式题型

此类问题以"特殊疑问句"句型设问，常用"哪些""如何""什么"等不限制范围的疑问词。因为问法不限制范围，此种题型难度较大。考生需要先确定从何种角度切入，然后才能作答。

（1）刘宝可主张哪些法律救济？为什么？（2014 卷四第五题第 4 问）

【答案】鉴于刘宝仅与李贝之间存在法律关系，即委托持股关系，因此刘宝也就只能根据该合同关系，向李贝主张违约责任，对公司不享有任何权利主张。

（2）赵某与美森公司是什么法律关系？为什么？（2016 卷四第五题第 2 问）

【答案】投资与借贷是不同的法律关系。赵某自己主张是借贷关系中的债权人，但依据《公司法解释（三）》第 23 条的规定，赵某虽然没有被登记为股东，但是他在 2010 年时出于自己的真实意思表示，愿意出资成为股东，其他股东及股东代表均同意，并且赵某实际交付了 50 万元出资，参与了分红及公司的经营，这些行为均非债权人可为，所以赵某具备实际出资人的地位，在公司内部也享有实际出资人的权利。此外，从民商法的诚信原则考虑，也应认可赵某作为实际出资人或实际股东而非债权人。

3. 评价式问题

此类题型要求评价某一行为、某一现象、某一观点、某一裁判甚至某一立法，就其合法性或合理性做出判断，并说明理由。

（1）应如何评价美森公司成立时三个股东的出资行为及其法律效果？（2016 卷四第五题第 1 问）

【答案】大雅公司以先前归其所有的某公司的净资产出资，净资产尽管没有在我国《公司法》中规定为出资形式，但公司实践中运用较多，并且案情中显示，一方面这些净资产本来归大雅公司，且经过了会计师事务所的评估作价，在出资程序方面与实物等非货币形式的出资相似，另一方面这些净资产已经由美林公司实际占有和使用，即完成了交付。《公司法司法解释（三）》第 9 条也有"非货币财产出资，未依法评估作价"的规定。所以，应当认为大雅公司履行了自己的出资义务。庄某按章程应当以现金 300 万出资，仅出资 100 万；石某按章程应当出资 200 万，仅出资 50 万，所以两位自然人股东没有完全履行自己的出资义务，应当承担继续履行出资义务及违约责任。

（2）法院作出解散公司的判决是否合理？为什么？（2017 卷四第五题第 5 问）

【答案】判决合理。依《公司法》第 182 条及《公司法解释（二）》第 1 条第 1 款，本案符合"公司持续两年以上无法召开股东会或者股东大会，公司经营管理发生严重困难的，"昌顺公司自 2014 年 6 月至解散诉讼时，已超过 2 年时间未再召开过股东会，这表明昌顺公司已实质性构成所谓的"公司僵局"，即构成法院判决公司解散的根据。

（3）解散公司的判决生效后，就昌顺公司的后续行为及其状态，在法律上应如何评价？为什么？（2017 卷四第五题第 6 问）

【答案】法院作出的解散公司的判决，在性质上为形成判决，据此，公司应进入清算阶段。对此，《公司法》所规定的程序如下：（1）依第 183 条及时成立清算组；（2）清算组按照法律规定的期限，按《公司法》第 184 条至第 187 条进行各项清算工作；（3）清算结束后，根据第 188 条，清算组应当制作清算报告，报股东会确认，并报送公司登记机关，申请注销公司登记，公告公司终止。概括来说，按照我国《公司法》的规范逻辑，解散判决生效后，公司就必须经过清算程序走向终止。

本案昌顺公司被司法解散后仍然继续存在的事实，显然是与这一规范层面的逻辑不相符的，这说明我国立法关于司法解散的相关程序与制度，在衔接上尚有不足之处，有待将来立法的完善。

4. 操作型问题

此种问题要求考生回答某些问题的处理程序或某些程序的具体步骤，有些类似法学院期末考试的简答题。

（1）昌顺公司减少注册资本依法应包括哪些步骤？（2017卷四第五题第2问）

【答案】（1）符合《公司法》第43条第2款要求，经代表2/3以上表决权股东通过，形成有效的股东会决议。（2）编制资产负债表及财产清单。（3）按照《公司法》第177条第2款的规定，减资决议之日起10日内通知债权人，并于30日内在报纸上公告。（4）应向公司登记机关提交相关文件，办理变更登记。登记后才发生注册资本减少的效力。（5）还应修改公司章程。

5. 争议型问题

此类问题的特点在于，有两种以上可以得分的答案，这些答案不仅表述不同，而且观点不同，甚至截然相反，考生只需答对其中一种即可，但是必须能够说出理由，也就是自圆其说。

（1）甲公司和乙公司对美森公司的债权，以及大雅公司对美森公司的债权，应否得到受偿？其受偿顺序如何？（2016卷四第五题第5问）

【答案】甲公司和乙公司是普通债权，应当得到受偿。大雅公司是美森公司的大股东，我国《公司法》并未禁止公司与其股东之间的交易，只是规定关联交易不得损害公司和债权人的利益，因此借款本身是可以的，只要是真实的借款，也是有效的。所以大雅公司的债权也应当得到清偿。在受偿顺序方面，答案一：作为股东（母公司）损害了美森公司的独立人格，也损害了债权人的利益，其债权应当在顺序上劣后于正常交易中的债权人甲和乙，这是深石原则的运用。答案二：根据民法公平原则，让大雅公司的债权在顺序方面劣后于甲、乙公司。答案三：按债权的平等性，他们的债权平等受偿。

（2）刘昌解聘钱顺的总经理职务，以及钱顺以监事身份来罢免刘昌董事长职位是否合法？为什么？（2017卷四第五题第3问）

【答案】（1）钱顺罢免刘昌不合法。钱顺兼任公司监事是不符合《公司法》规定，即使在假定钱顺监事身份合法，根据《公司法》第53条，监事对公司高董，只有罢免建议权，而无决定权。因此，刘昌的执行董事地位不受影响。

（2）答案一：刘昌解聘钱顺符合《公司法》规定。在不设董事会的治理结构中，执行董事即相当于董事会。而按照《公司法》第49条第1款，由董事会决定聘任或解聘经理，从而刘昌解聘钱顺总经理职务的行为，符合《公司法》规定。

答案二：刘昌行为不合法。因本案中存在两个事实情节，第一，钱顺任职总经理已规定于公司章程中，从而对钱顺的解聘会涉及到是否符合公司章程修改程序的判断；第二，刘昌解聘行为，是二人间矛盾激化的结果，而在不设董事会的背景下，刘昌的这一行为确实存在职权滥用的嫌疑。

二、商法案例题的两个层次

商法案例题中的每一小问，难度或大或小，不一而足。大体上，可以分为两个层次：一是有明确的、直接的法律条文作为依据的，二是没有明确的、直接的法律条文作为依据的。对于第一层次的问题，考生若能准确地查找到对应的法条并加以引用，就可以得出正确的结论并写出合适的理由。对于第二个层次的问题，考生需要类推适用某个法律条文，或者对某个法律条文作出适当的解释，或者运用某种理论来分析和解答。相对而言，第一个层次的题目难度较低，第二个层次的题目难度较高。现以2019主观题回忆版第六题为例：

A 公司、B 公司、C 公司、D 公司共同设立甲有限责任公司，注册资本 8000 万元，A 公司出资 41%，B 公司出资 37%，C 公司出资 14%，D 公司出资 8%，均已实缴。B 公司持有的 37% 股权中，有 17% 是代 E 公司持股，由 E 公司实际出资。

甲公司设董事会，由 5 名董事组成，分别由 A 公司、B 公司、C 公司按照 2∶2∶1 的比例委派。A 公司委派的 2 名董事中，有 1 人（汪华亮）任董事长。B 公司委派的 2 名董事中，有 1 人是 E 公司代表。在日常决策中，E 公司经常派不同的人出席股东会。其他股东对此知情，但未置可否。

甲公司拟增资 2000 万元，全部由乙公司认缴。C 公司同意增资，但是提出了两点要求：（1）按照实缴出资比例优先认缴新增资本；（2）其他股东放弃优先认缴权的新增资本，也由其优先认缴。由于其他股东未能达成一致，增资搁置。

问题：

1. C 公司的第（1）项要求是否有理由？为什么？（法条型）

汪华亮的答案：有理由。根据《公司法》第 34 条，有限公司增资时，股东有权优先按照实缴出资比例认缴新增资本，但全体股东另有约定的除外。C 公司有权主张按照实缴出资比例优先认缴新增资本。

2. C 公司的第（2）项要求是否有理由？为什么？（说理型）

汪华亮的答案：没有理由。增资与股权转让不同，增资时，公司战略发展优先于人合性，对超出其实缴出资比例的新增资本，股东不享有优先于外部战略投资者的认缴权。

也可以这样写：没有理由。《公司法》第 34 条规定，有限公司增资时，股东有权优先按照实缴出资比例认缴新增资本，但全体股东另有约定的除外。该条的目的在于，确保股东的股权比例不因增资而被稀释，因此，对超出其实缴出资比例的新增资本，股东不享有优先认缴权。

三、商法案例题的三个步骤

1. 识别问题或考点

这是正确解题的前提，也是难度最大的一个环节，同时还是"只可意会不可言传"的一步。通常情况下，如果能够正确识别问题或考点，就可以答对或基本答对问题，否则，容易答非所问而不能得分。识别问题或考点，是以扎实的基本功为前提的，需要熟悉知识点，并且多加练习。

（1）李贝能否以自己并非真正股东为由，主张对潘龙的股权转让行为无效？为什么？（2014 卷四第五题第 3 问）

【答案】依《公司法解释（三）》第 24 条第 3 款，李贝虽为名义股东，但在对公司的关系上为真正的股东，其对股权的处分应为有权处分；退一步说，即使就李贝的股东身份在学理上存在争议，但在《公司法解释（三）》第 25 条第 1 款股权善意取得的规定下，李贝的处分行为也已成为有权处分行为，因此为保护善意相对人起见，李贝不得主张该处分行为无效。

（2）B 与赵六的约定是否有效，为什么？（2021 主观题回忆版第六题第 2 问）

【答案】部分有效。B 与赵六的约定，属于股权让与担保。其中，关于担保的意思表示是有效的，也就是说，若 B 不能偿还到期借款，赵六有权对该股权折价或者以拍卖、变卖该股权所得价款偿还债务；但是，约定若 B 不能偿还到期借款则该股权直接归赵六所有的条款属于流质条款，是无效的。

2. 回忆知识点或查阅法条

识别问题或知识点之后，就需要寻找分析问题的依据。通常情况下，依据的是法律条文或者理论，而在同学们的学习过程中，法律条文或者理论表现为一个个的知识点。在考场上，考生可以根据自己的情况，选择回忆知识点或者查阅法条。虽然查阅和引用法条并不是得分的唯一途径，但是，对于第一个层次问题，即有明确的、直接的法律条文作为依据的问题，查阅和引用法条是最为有效的途径。

（1）孙秒的案外人执行异议是否成立？为什么？（2018主观题回忆版第六题第5问）

【答案】不成立。在代持股关系中，名义股东记载于公司登记资料中，基于公司登记的公信力，名义股东的债权人有理由相信该股权为名义股东所拥有，并有权主张强制执行该股权。实际出资人不得以其实际出资的事实对抗名义股东的债权人的强制执行。

（2）能否解除乙公司的股东资格？（2020主观题回忆版第六题第6问）

【答案】不能。根据《公司法解释（三）》第17条规定，有限公司的股东未履行出资义务或者抽逃全部出资，经公司催告缴纳或者返还，其在合理期间内仍未缴纳或者返还出资，公司可以通过股东会决议解除该股东的资格。本案中，乙公司的行为确实损害了甲公司的利益，但是在章程没有特别规定的情况下，《公司法解释（三）》第17条规定的解除股东资格条件并不成就，甲公司无权解除乙公司的股东资格。至于甲公司的利益受损问题，可以通过其他途径解决。

3. 三段论思考和表达

对于一般的法律问题，推理的过程其实就是三段论的运用过程。三段论包括大前提、小前提和结论。大前提是指法律规则，通常表现为法律条文或者法律条文的解释结果，少数情况下表现为某种法律理论，上述第2个步骤其实就是解决大前提问题的。小前提是案情中所述的案件事实，从案情中直接引用就可以了，必要的时候加以精简和概括。结论就是问题的答案，或者处理结果。从过去公布的真题和答案中可以发现，有些题目的答案并非严格按照三段论的方式来组织的，也就是说，三段论不是得分的唯一表达方式。但是，三段论是考生最容易模仿的方式，也是最不容易丢分的方式。

（1）法院作出解散公司的判决是否合理？为什么？（2017卷四第五题第5问）

【答案】判决合理。依《公司法》第182条及《公司法解释（二）》第1条第1款，本案符合"公司持续两年以上无法召开股东会或者股东大会，公司经营管理发生严重困难的，"昌顺公司自2014年6月至解散诉讼时，已超过2年时间未再召开过股东会，这表明昌顺公司已实质性构成所谓的"公司僵局"，即构成法院判决公司解散的根据。

（2）就葛梅梅所领取的奖金，管理人应如何处理？为什么？（2014卷四第五题第6问）

【答案】根据《企业破产法》第36条，债务人的董事、监事、高级管理人员利用职权从企业获取的非正常收入，管理人负有追回义务；再根据《企业破产法解释（二）》第24条第1款，董事、监事、高级管理人员利用职权所获取的绩效奖金属于非正常收入范围，故而管理人应向葛梅梅请求返还所获取的收入，且可以通过起诉方式来予以追回。

第三部分　实战训练

1. 2015 年 9 月 6 日，华亮公司依法注册成立，股东为侯某，注册资本为 50 万元，类型为有限责任公司（自然人独资）。

2017 年，北京市朝阳区人民法院就原告交通宾馆与被告华亮公司之间的房屋租赁合同纠纷一案，作出民事判决，确认原告交通宾馆与被告华亮公司签订的《北京交通宾馆房屋租赁合同》于 2017 年 5 月 8 日解除，并判令被告华亮公司于该判决生效之日起 10 日内支付原告交通宾馆租金、水电费、滞纳金等共计为 66 万元。2018 年 10 月 21 日，北京市朝阳区人民法院就申请人交通宾馆与被执行人华亮公司强制执行案件，作出民事裁定。根据该裁定书记载，交通宾馆申请执行华亮公司租赁合同纠纷一案，该院依法受理后，查明华亮公司暂无财产可供执行，且查不到可供执行的财产线索，申请人也不能提供其他财产线索，故该院裁定中止执行。

交通宾馆根据《公司法》相关规定，向人民法院提起诉讼，要求判令侯某对华亮公司的债务承担连带责任。

请问：

（1）交通宾馆的上述诉讼请求，法律依据是什么？

（2）如果你是侯某的代理律师，应当围绕什么问题进行举证和抗辩？

【案例解析与考点延伸】

本题的难点在于，如何理解《公司法》第 20 条第 3 款和第 63 条之间的关系。较于普通有限责任公司，一人有限责任公司只有一个自然人股东或者一个法人股东的有限责任公司。为防止一人有限公司股东利用公司有限责任规避合同义务，我国现行公司法律规范对一人有限责任公司的规制有别于普通有限责任公司，采取了更为严格的制度配置，即《公司法》第 63 条规定。但对于一人有限责任公司股东是否应对公司债务承担连带责任的认定，并不因此而有别于普通有限责任公司，仍需考虑股东是否存在滥用公司法人独立地位和股东有限责任、逃避债务、严重损害公司债权人利益的行为。概言之，《公司法》第 63 条更多的是从举证责任分配方面设定了一人有限责任公司股东某些特定的义务，而对于股东是否应对公司债务承担连带责任，则仍应以《公司法》第 20 条规定为判断依据。

【参考答案】

（1）交通宾馆提起的是法人人格否认之诉，其法律依据是《公司法》第 20 条第 3 款："公司股东滥用公司法人独立地位和股东有限责任，逃避债务，严重损害公司债权人利益的，应当对公司债务承担连带责任。"

（2）《公司法》第 63 条规定："一人有限责任公司的股东不能证明公司财产独立于股东自己的财产的，应当对公司债务承担连带责任。"因此，侯某的代理律师应围绕华亮公司财产独立于侯某自己财产进行举证，并以此为由提出免责抗辩。

2. 2013 年 10 月 30 日，王某、何某、华亮有限公司与民泰银行签订《民泰银行保证借款合同》，约定：王某、何某共同向民泰银行借款 300 万元，华亮有限公司为上述借款提供连带责任保证担保；借款期限为实际提款日起至 2014 年 7 月 9 日止；每月 20 日按月结息，到期还本。合同签订后，民泰银行于 2013 年 10 月 30 日向王某转款 300 万元履行了出借义务。王某、何某付息至 2013 年 12 月 20 日，之后再未付息，到期亦未还本。

因王某、何某未能按期偿还其余贷款本息，民泰银行起诉请求：王某、何某偿还借款本金、利息和实现债权的费用，华亮有限公司承担连带责任。华亮有限公司抗辩称，该保证合同无效，华亮有限公司不承担连带责任。

法院经审理查明：第一，《民泰银行保证借款合同》上的公章并不是华亮有限公司的备案公章，但二者无明显区别。第二，2013 年 10 月 13 日华亮有限公司召开股东会并形成《股东会决议（担保）》，同意华亮有限公司为王某、何某向民泰银行的 300 万元借款本息提供连带保证。第三，上述《股东会决议（担保）》上，有股东王某（持股 35%）、龙某（持股 25%）、杨某（持股 20%）和雷某（持股 20%）的签名，但是杨某和雷某的签名系他人伪造。第四，民泰银行在签订《民泰银行保证借款合同》之前，收取了华亮有限公司章程和《股东会决议（担保）》。第五，2009 年 4 月 21 日起至 2014 年 2 月 19 日期间，华亮有限公司的法定代表人为王某。

请问：

（1）华亮有限公司为王某提供担保，应当如何决议？

（2）华亮有限公司是否承担连带保证责任？为什么？

【案例解析与考点延伸】

《公司法》第 16 条规定："公司向其他企业投资或者为他人提供担保，依照公司章程的规定，由董事会或者股东会、股东大会决议；公司章程对投资或者担保的总额及单项投资或者担保的数额有限额规定的，不得超过规定的限额。公司为公司股东或者实际控制人提供担保的，必须经股东会或者股东大会决议。前款规定的股东或者受前款规定的实际控制人支配的股东，不得参加前款规定事项的表决。该项表决由出席会议的其他股东所持表决权的过半数通过。"考生首先应当区分被担保人是否为公司股东或实际控制人，以确定需要履行何种内部决策程序。同时，还要能够理解和判断内部决策程序存在瑕疵时对外担保行为的效力。《有关担保制度的解释》第 7 条规定："公司的法定代表人违反公司法关于公司对外担保决议程序的规定，超越权限代表公司与相对人订立担保合同，人民法院应当依照民法典第 61 条和第 504 条等规定处理：（1）相对人善意的，担保合同对公司发生效力；相对人请求公司承担担保责任的，人民法院应予支持。（2）相对人非善意的，担保合同对公司不发生效力；相对人请求公司承担赔偿责任的，参照适用本解释第 17 条的有关规定。法定代表人超越权限提供担保造成公司损失，公司请求法定代表人承担赔偿责任的，人民法院应予支持。第一款所称善意，是指相对人在订立担保合同时不知道且不应当知道法定代表人超越权限。相对人有证据证明已对公司决议进行了合理审查，人民法院应当认定其构成善意，但是公司有证据证明相对人知道或者应当知道决议系伪造、变造的除外。"在本案中，民泰银行在签订合同前，向华亮有限公司收取了股东会决议、公司章程等材料。民泰银行作为合同相对方，已完成合同形式审查的义务，应认定为善意相对人。在备案公章与合同上所盖公章无明显区别的情况下，民泰银行并不承担进一步鉴定公章真假的审查义务。同理，《股东会决议（担保）》中股东的签名是否伪造，民泰银行也不承担审查义务。因此，虽然内部决策程序存在瑕疵，但并不影响华亮有限公司根据该股东会决议对外签订的《民泰银行保证借款合同》的效力。法院生效裁判认定保证行为对华亮有限公司发生效力，华亮有限公司承担保证责任。

【参考答案】

（1）从案情可知，王某为华亮有限公司股东。根据《公司法》第 16 条规定，该担保事项必须经华亮有限公司股东会决议，且王某不得参加该项表决，该项表决由出席会议的其他股东所持表决权的过半数通过。

（2）华亮有限公司应承担连带保证责任。虽然华亮有限公司未按照《公司法》第16条的规定对该担保事项作出决议，但是债权人民泰银行尽到了合理审查义务，可以认定为善意相对人，根据《有关担保制度的解释》第7条规定，该担保合同对华亮有限公司发生效力，华亮有限公司应据此承担连带保证责任。

3. 华亮有限公司设立于2009年3月11日，设立时注册资本100万元，股东为宋某（出资60万元）和高某（出资40万元），宋某担任执行董事，高某担任经理。

2013年8月28日，华亮公司召开股东会，作出如下决议：（1）同意增加公司注册资本，由100万元增至1亿元。（2）同意吸收新股东乙公司。（3）增资后的股东、出资和股权情况为，宋某60万元（0.6%），高某40万元（0.4%），乙公司9900万元（99%）。（4）公司原执行董事、监事不变。（5）公司章程做相应修改。

2013年9月14日，京地公司、紫月公司分别汇入乙公司账户4900万元和5000万元。同日，乙公司汇入华亮公司账户9900万元。次日，某会计师事务所据此出具验资报告，证明华亮公司已于2013年9月14日收到乙公司缴纳的新增注册资本9900万元，出资方式为货币出资。2013年9月17日，从华亮公司账户汇入燕拓公司账户4900万元、汇入风动公司账户5000万元。同日，燕拓公司和风动公司分别将上述4900万元和5000万元汇入京地公司和紫月公司。京地公司、紫月公司、燕拓公司和风动公司，均为乙公司的控股子公司。

2013年12月27日，宋某以华亮公司法定代表人身份向乙公司邮寄"催告返还抽逃出资函"，要求乙公司返还全部抽逃出资款9900万元，否则将召开股东会解除乙公司股东资格，乙公司于2013年12月30日签收该函。2014年3月6日，华亮公司向乙公司邮寄"临时股东会会议通知"，通知其于3月25日上午10点召开临时股东会，审议有关解除乙公司股东资格的事项。会议如期召开，宋某、高某和乙公司均出席会议。会议记录记载：到会股东就解除乙公司股东资格表决，同意2票，占总股数1%，反对1票，占总股数99%，表决结果为提案通过。宋某和高某在会议记录签字，乙公司代理人也签字但注明了反对意见。华亮公司据此作出股东会决议，解除乙公司的股东资格。乙公司表示不认可该决议效力。

请问：

（1）假设高某不同意，华亮公司2013年8月28日关于增资的股东会决议能否通过？为什么？

（2）针对乙公司的行为，华亮公司是否有权以股东会决议的方式解除其股东资格？为什么？

（3）在华亮公司2014年3月25日的临时股东会上，乙公司是否享有表决权？为什么？

（4）假设乙公司的股东资格被解除，对其原持有的股权应如何处理？

【案例解析与考点延伸】

本案涉及股东除名制度。最高人民法院关于适用《中华人民共和国公司法》若干问题的规定（三）（以下简称《公司法解释（三）》）第17条规定："有限责任公司的股东未履行出资义务或者抽逃全部出资，经公司催告缴纳或者返还，其在合理期间内仍未缴纳或者返还出资，公司以股东会决议解除该股东的股东资格，该股东请求确认该解除行为无效的，人民法院不予支持。在前款规定的情形下，人民法院在判决时应当释明，公司应当及时办理法定减资程序或者由其他股东或者第三人缴纳相应的出资。在办理法定减资程序或者其他股东或者第三人缴纳相应的出资之前，公司债权人依照本规定第十三条或者第十四条请求相关当事人承担相应责任的，人民法院应予支持。"本题第（1）问关于特别决议事项的表决问题，可以直接适用

《公司法》第43条第2款:"股东会会议作出修改公司章程、增加或者减少注册资本的决议,以及公司合并、分立、解散或者变更公司形式的决议,必须经代表三分之二以上表决权的股东通过。"本题第(2)问考查的是解除股东资格的条件,第(4)问考查的是解除股东资格之后的"善后措施",都可以从《公司法解释(三)》第17条找到直接的法律依据。稍微复杂一点的是第(3)问,也就是拟被除名股东对于解除股东资格的股东会决议是否享有表决权的问题。虽然公司法并未排除此种情形下被除名股东的表决权,但是,如果允许乙公司在本案中行使表决权,那么,无论乙公司实施了何种程度的危害华亮公司利益的行为,华亮公司均不可能通过解除其股东资格的方式维护合法权益,公司法关于股东除名制度的目的也将无法实现。因此,应当认为乙公司不享有表决权。这样的问题属于有一定难度的问题,其难点在于,考生无法找到直接的法律依据,只能通过说理来论证自己的结论。

【参考答案】

(1)不能通过。根据《公司法》第43条第2款,股东会作出增加注册资本的决议,必须经代表2/3以上表决权的股东通过。本案中,高某享有40%的表决权,若高某反对,则无法达到上述比例。

(2)有权。根据《公司法解释(三)》第17条第1款,有限公司股东抽逃全部出资,经公司催告,其在合理期间内仍未返还出资,公司可以股东会决议解除该股东的股东资格。本案中,乙公司通过其控股子公司将全部出资9900万元抽逃,经华亮公司催告之后近3个月未能返还,符合解除股东资格的法定条件。

(3)乙公司不享有表决权。该次股东会决议事项为解除乙公司股东资格。虽然公司法并未排除此种情形下乙公司的表决权,但是如果允许乙公司行使表决权,那么,在乙公司为大股东的情况下,股东除名制度将形同虚设。因此,应当认为乙公司在该次股东会上不享有表决权。

(4)根据《公司法解释(三)》第17条第2款,在乙公司的股东资格被解除后,华亮公司应当及时办理法定减资程序或者由其他股东或者第三人缴纳相应的出资。

4. 2014年5月15日,沃尔格公司、沣通公司与四位自然人共同设立华亮典当公司(有限责任公司),沃尔格公司委派的韦某任执行董事、法定代表人,沣通公司委派的汪某任唯一的监事。2016年10月12日,沣通公司(持股20%)向华亮典当公司致函《关于要求行使股东知情权的提议》,写明了查阅的范围和目的。2016年10月14日,华亮典当公司回函拒绝,主要理由是,贵股东所担保的对公司的负债已经严重逾期,贵股东作为利害关系人查询公司会计账簿以及相对应的财务原始凭证将损害公司的正当权益。华亮典当公司于2016年10月28日召开2016年第二次股东会,决议第8项内容为:部分股东发函要求查阅、复制公司会计账簿及原始凭证的问题,发函股东是现公司诉讼案件债务人的担保人,是诉讼案件的利害关系人,其查阅、复制公司会计账簿及原始凭证存在不正当目的,公司不能向发函股东提供。沣通公司对此投反对票,其他股东均投赞成票。2017年1月22日,沣通公司再次向华亮典当公司住所地邮寄《查阅请求函》,写明了查阅的范围和目的。该邮件于2017年1月25日签收,但华亮典当公司未再回复。

沣通公司向一审法院起诉请求:判令华亮典当公司向沣通公司提供自其成立至今的股东会会议记录、会计财务报告、全部会计账簿(包括所有的记账凭证、原始凭证、原始凭证附件)供沣通公司及其委托的注册会计师查看、复制。

请问:

(1)华亮典当公司于2016年10月28日作出的股东会决议是否有效?为什么?

（2）对于沣通公司的诉讼请求，法院应当如何判决？

【案例解析与考点延伸】

本案争议焦点问题是：（1）股东会决议能否排除沣通公司的知情权；（2）沣通公司等股东要求查阅公司会计账簿是否具有不正当目的，可能损害公司合法利益的情形；（3）股东行使知情权的范围。

本案适用的主要法条是：（1）《公司法》第33条："股东有权查阅、复制公司章程、股东会会议记录、董事会会议决议、监事会会议决议和财务会计报告。股东可以要求查阅公司会计账簿。股东要求查阅公司会计账簿的，应当向公司提出书面请求，说明目的。公司有合理根据认为股东查阅会计账簿有不正当目的，可能损害公司合法利益的，可以拒绝提供查阅，并应当自股东提出书面请求之日起十五日内书面答复股东并说明理由。公司拒绝提供查阅的，股东可以请求人民法院要求公司提供查阅。"（2）最高人民法院关于适用《中华人民共和国公司法》若干问题的规定（四）（以下简称《公司法解释（四）》）第8条："有限责任公司有证据证明股东存在下列情形之一的，人民法院应当认定股东有公司法第三十三条第二款规定的"不正当目的"：（一）股东自营或者为他人经营与公司主营业务有实质性竞争关系业务的，但公司章程另有规定或者全体股东另有约定的除外；（二）股东为了向他人通报有关信息查阅公司会计账簿，可能损害公司合法利益的；（三）股东在向公司提出查阅请求之日前的三年内，曾通过查阅公司会计账簿，向他人通报有关信息损害公司合法利益的；（四）股东有不正当目的的其他情形。"（3）《公司法解释（四）》第9条："公司章程、股东之间的协议等实质性剥夺股东依据公司法第三十三条、第九十七条规定查阅或者复制公司文件材料的权利，公司以此为由拒绝股东查阅或者复制的，人民法院不予支持。"（4）《公司法解释（四）》第10条："人民法院审理股东请求查阅或者复制公司特定文件材料的案件，对原告诉讼请求予以支持的，应当在判决中明确查阅或者复制公司特定文件材料的时间、地点和特定文件材料的名录。股东依据人民法院生效判决查阅公司文件材料的，在该股东在场的情况下，可以由会计师、律师等依法或者依据执业行为规范负有保密义务的中介机构执业人员辅助进行。"（5）《公司法》第22条："公司股东会或者股东大会、董事会的决议内容违反法律、行政法规的无效。股东会或者股东大会、董事会的会议召集程序、表决方式违反法律、行政法规或者公司章程，或者决议内容违反公司章程的，股东可以自决议作出之日起六十日内，请求人民法院撤销。股东依照前款规定提起诉讼的，人民法院可以应公司的请求，要求股东提供相应担保。公司根据股东会或者股东大会、董事会决议已办理变更登记的，人民法院宣告该决议无效或者撤销该决议后，公司应当向公司登记机关申请撤销变更登记。"

对本案焦点问题分析如下：（1）股东知情权是股东的固有权利和法定权利，股东之间不得以公司章程或协议等形式限制股东行使知情权，故华亮典当公司主张2016年10月28日股东会决议中各发函股东已放弃查阅公司资料的权利，理由不能成立。（2）关于沣通公司等股东要求查阅公司会计账簿是否具有不正当目的，可能损害公司合法利益的问题。华亮典当公司主张沣通公司等股东查阅公司会计账簿具有不正当目的，根据其提交的证据材料看，沣通公司等在相关人员或者股东与华亮典当公司发生诉讼争议或执行案件的过程中，在本案中反复主张其公司知情权，确有不合常理的情形，但无论沣通公司等是否是华亮典当公司起诉的债务人，华亮典当公司提交的证据尚不足以证明沣通公司存在"不正当目的"，不能据此否定沣通公司等的知情权。（3）关于股东查阅会计账簿权行使的范围。首先，股东有权查阅、复制股东会会议记录和财务会计报告。其次，股东有权查阅、但无权复制会计账簿。再次，股东有权查阅与会计账簿有关的凭证等资料。虽然《公司法》只是明确规定股东可以要求查阅公司会计账簿，而并未明确原始凭证和记账凭证等能否查阅，最高人民法院相关司法解释对此亦没有明文规定。但是，根据《会计法》的相关规定和会计准则，会计账簿的制作依据是会计凭证，而会计凭证包括原始凭证和记账凭证。如果绝对不允许股东查阅原始凭证和记账凭证，股东则有可能无法准确了解公司的经营状况，不利于股东知情权的行使，亦不符合公司法关于保护股东知情权的立法宗旨。最后，股东知情权可以委托会计师、律师等依法或者依据执业行为规范负有保密义务的中介机构执业人员辅助行使。

【参考答案】

（1）无效。根据《公司法》第33条和《公司法解释（四）》第9条可知，股东知情权为股东的固有权，不得通过章程、股东会决议等方式剥夺。该次股东会决议内容违反了上述规定，根据《公司法》第22条规定，应认定为无效。

（2）法院应当判决：①华亮典当公司于特定时间内，将公司成立至今的股东会会议记录及会计财务报告置于特定地点，供沣通公司查阅、复制；②华亮典当公司于特定时间内，将公司成立之日起至今的会计账簿（含记账凭证、原始凭证及作为原始凭证附件入账备查的有关资料）置于特定地点，供沣通公司及其委托的一名具有注册会计师资格的会计师查阅。

5. 华亮有限公司成立于2008年12月，注册资本300万元，胡某、王某、李甲、李乙各认缴75万元并已实缴完毕，胡某为董事长。华亮公司自成立以来，连续盈利，从未进行过利润分配，原因是，在历年股东会年会上，李甲、李乙均反对分配利润，导致华亮公司股东会从未通过利润分配决议。根据经审计的财务会计报告，截至2018年12月31日，华亮公司账上共有法定公积金200万元，资本公积金300万元，任意公积金100万元，未分配利润440万元。

2019年3月，胡某拟定了利润分配方案并召集董事会讨论表决。全部三名董事中，胡某和王某同意，李甲反对。随后，胡某将该利润分配方案提交股东会表决，胡某和王某同意，李甲和李乙反对并希望将公司盈余资金用于扩大生产规模。因华亮公司章程规定，利润分配方案须经代表过半数表决权的股东通过，李甲和李乙认为该次股东会决议未能通过。

2019年4月，胡某以华亮公司为被告起诉，请求以未分配利润440万元为基数，按照实缴出资比例分配利润，即华亮公司向自己分配110万元利润。

请问：

（1）胡某的诉讼请求，是否应予支持？为什么？

（2）胡某是否有权要求华亮公司以合理的价格收购胡某所持有的股权？为什么？

【案例解析与考点延伸】

本案首先涉及股东的利润分配请求权问题。从理论上讲，股东拥有利润分配请求权。但是，这是一种抽象的权利，只有当公司通过载明具体分配方案的股东会或者股东大会决议后，才会转变为具体的利润分配请求权。换句话说，对于符合分配利润条件的公司而言，是否分配利润原则上属于公司自治范畴，法院一般不予介入，除非出现大股东过度压榨小股东的情况。因此，《公司法解释（四）》第15条规定："股东未提交载明具体分配方案的股东会或者股东大会决议，请求公司分配利润的，人民法院应当驳回其诉讼请求，但违反法律规定滥用股东权利导致公司不分配利润，给其他股东造成损失的除外。"在考试中，考生应该分析两个问题，一是有没有具体有效的利润分配决议（股东会决议而非董事会决议），二是有没有大股东过度压榨小股东的情形。

本案还涉及股权回购问题。《公司法》第74条规定："有下列情形之一的，对股东会该项决议投反对票的股东可以请求公司按照合理的价格收购其股权：（一）公司连续五年不向股东分配利润，而公司该五年连续盈利，并且符合本法规定的分配利润条件的；（二）公司合并、分立、转让主要财产的；（三）公司章程规定的营业期限届满或者章程规定的其他解散事由出现，股东会会议通过决议修改章程使公司存续的。自股东会会议决议通过之日起六十日内，股东与公司不能达成股权收购协议的，股东可以自股东会会议决议通过之日起九十日内向人民法院提起诉讼。"在考试中，考生需要判断两个问题，一是股东要求公司回购股权的条件是否具备，二是该股东是否属于"对股东会该项决议投反对票的股东"。就第二个问题而言，解释上还应该包括非因本人原因而未能出席股东会的异议股东。本案的特殊之处在于，胡某是在股东会上投赞成票的股东，但是，该股东会决议的内容不是"不分配利润"，而是"分配利润"，所以，胡某实际上是反对不分配利润的，因此也符合主体资格要求。

【参考答案】

（1）不予支持。虽然华亮公司完全符合分配利润的条件，并且董事会已经拟定利润分配方案，但是根据华亮公司章程规定的表决比例，公司未能就此形成有效的股东会决议，也不存在违反法律规定滥用股东权利导致公司不分配利润，给其他股东造成损失的情形，根据《公司法解释（四）》第15条规定，法院应当判决驳回胡某的诉讼请求。

（2）有权。一方面，华亮公司连续五年以上不向股东分配利润，而该五年连续盈利，并且符合分配利润条件，符合《公司法》第74条规定的股权回购条件；另一方面，胡某在历次股东会上均赞成分配利润，亦即对不分配利润持反对态度，也符合《公司法》第74条规定的主体资格要求。

6. 公司登记机关的资料显示：华亮公司股东及持股比例为赵某持股20%、郑甲强持股57.5%、添成公司持股2.5%、刘某持股20%，华亮公司监事为莫某，法定代表人、执行董事及总经理为郑甲强。铭可达集团公司股东及持股情况为：郑乙强持股75.5%、郑甲强持股24.5%，郑甲强系铭可达集团公司法定代表人兼董事长。

铭可达物流公司成立于2000年2月1日，由华亮公司独资设立，注册资本1.6亿元。资产负债表显示，截至2014年12月31日，铭可达物流公司净资产2.1亿元，经营状况良好。2015年3月10日，华亮公司与铭可达集团公司签订《股权转让协议》，华亮公司将其持有的铭可达物流公司100%的股权以人民币1元转让给铭可达集团公司。2015年4月3日，铭可达物流公司的股东变更为铭可达集团公司，持股比例100%。

赵某书面请求华亮公司的执行董事郑甲强、监事莫某代表华亮公司提起诉讼，该两人未于收到请求之日起30日内提起诉讼。2018年7月，赵某起诉请求：判令铭可达集团公司将铭可达物流公司100%的股权返还给华亮公司；判令铭可达集团公司、郑甲强及华亮公司、铭可达物流公司承担赵某、添成公司因本案诉讼支出的律师费；判令铭可达集团公司承担本案全部诉讼费用。

铭可达集团公司抗辩称：赵某未实际出资，不具备起诉的资格，并提供了证据。

请问：

（1）赵某提起的是何种诉讼？赵某是否具备原告资格？

（2）《股权转让协议》是否有效？为什么？

（3）本案诉讼费应由谁承担？律师费由谁承担？

【案例解析与考点延伸】

本案系损害公司利益责任纠纷。现就争议焦点问题逐一分析如下：（1）关于赵某是否具备原告诉讼主体资格问题。涉案华亮公司登记资料显示赵某系持有华亮公司20%股权份额的股东。股东是否已经实际履行出资义务，不影响其股东资格的确定，也不影响其依法提起股东代表诉讼。（2）关于铭可达集团公司是否应向华亮公司返还持有的铭可达物流公司股权问题。

华亮公司于2015年3月10日与铭可达集团公司签订《股权转让协议》，以1元价格将所持铭可达物流公司100%股权转让给铭可达集团公司，该股权的评估价值为2.1亿元，因此该股权转让可以视为无偿转让。华亮公司转让涉案股权时，郑甲强系华亮公司的法定代表人、总经理、执行董事及大股东；同时又是铭可达集团公司的董事长、法定代表人及股东。郑甲强作为华亮公司法定代表人，在从事将涉案股权无偿转让给其担任法定代表人的铭可达集团公司的关联交易时，并未告知或征得华亮公司股东赵某、添成公司的同意，违反了其作为华亮公司董事、高级管理人员依法应当遵守的忠实勤勉义务；郑甲强与铭可达集团公司恶意串通，损害华亮公司利益的行为，依法应当认定为无效。铭可达集团公司依该无效行为所获取的原华亮公司名下的铭可达物流公司100%股权，依法应予返还。（3）关于费用承担问题。铭可达公司败诉，应承担本案的诉讼费用。赵某提起股东代表诉讼所支付的合理律师费，属于股东因参加诉讼支付的合理费用，应由华亮公司承担。

本案涉及的主要法条包括：（1）《民法典》第154条："行为人与相对人恶意串通，损害他人合法权益的民事法律行为无效。"（2）《公司法》第151条："董事、高级管理人员有本法第一百四十九条规定的情形的，有限责任公司的股东、股份有限公司连续一百八十日以上单独或者合计持有公司百分之一以上股份的股东，可以书面请求监事会或者不设监事会的有限责任公司的监事向人民法院提起诉讼；监事有本法第一百四十九条规定的情形的，前述股东可以书面请求董事会或者不设董事会的有限责任公司的执行董事向人民法院提起诉讼。监事会、不设监事会的有限责任公司的监事，或者董事会、执行董事收到前款规定的股东书面请求后拒绝提起诉讼，或者自收到请求之日起三十日内未提起诉讼，或者情况紧急、不立即提起诉讼将会使公司利益受到难以弥补的损害的，前款规定的股东有权为了公司的利益以自己的名义直接向人民法院提起诉讼。他人侵犯公司合法权益，给公司造成损失的，本条第一款规定的股东可以依照前两款的规定向人民法院提起诉讼。"（3）《公司法解释（四）》第26条："股东依据公司法第一百五十一条第二款、第三款规定直接提起诉讼的案件，其诉讼请求部分或者全部得到人民法院支持的，公司应当承担股东因参加诉讼支付的合理费用。"

【参考答案】

（1）赵某提起的是股东代表诉讼。虽然赵某未实际出资，但是华亮公司为有限公司，赵某为华亮公司的股东，根据《公司法》第151条规定，赵某具备提起股东代表诉讼的原告资格。

（2）无效。郑甲强与铭可达集团公司恶意串通，无偿转让华亮公司持有的巨额股权，损害华亮公司利益，根据《民法典》第154条规定，《股权转让协议》应当认定为无效。

（3）根据《公司法解释（四）》第26条规定，本案诉讼费应由败诉方即铭可达集团承担。合理的律师费应当由华亮公司承担。

7. 华亮公司系环保设备工程公司，其经营范围为工程设备、机电设备的设计、开发、制造和技术咨询服务及工程设备、机电设备的安装施工，销售自产产品。日本TNJ公司是华亮公司的股东，其在入股华亮公司的出资经营合同中明确承诺，积极向华亮公司提供委托设计、委托制造加工业务，对来自于日本TNJ公司的业务，只要华亮公司有能力做到，就不会交给中国其他公司做。邹某是华亮公司的董事，其职责是负责华亮公司与日本企业的业务合作。邹某利用职务之便，将来自于日本TNJ公司的多项环保设备设计和制造业务交给士通公司和世界之窗公司经营，后者获利颇丰。法院另查明，士通公司、世界之窗公司是邹某与戴女士全资控股的公司，世界之窗公司的法定代表人是邹某，士通公司的法定代表人是戴女士，而戴女士与邹某系夫妻关系。华亮公司请求邹某、戴女士、士通公司、世界之窗公司承担侵权责任，连带赔偿华亮公司的损失。

请问：

（1）邹某的行为应当如何定性？

（2）华亮公司的诉讼请求是否成立？为什么？

【案例解析与考点延伸】

本案的焦点问题在于：（1）邹某是否篡夺公司交易机会。我国《公司法》仅规定未经公司股东会同意，公司董事、高管不得谋取属于公司的商业机会，并未对认定公司商业机会的标准作出明确规定。理论上讲，认定公司商业机会应当考虑以下几个方面的因素：一是商业机会与公司经营活动有关联；二是第三人有给予公司该商业机会的意愿；三是公司对该商业机会有期待利益，没有拒绝或放弃。就本案而言，涉案业务属于华亮公司经营范围，日本企业有将涉案业务提供给华亮公司的意愿，华亮公司并未拒绝或放弃涉案业务，因此，应当认定涉案来自日本企业的业务属于华亮公司的商业机会。在此前提下，邹某的行为可以认定为篡夺公司交易机会，违反了忠实义务。（2）邹某、士通公司、世界之窗公司的行为，构成对华亮公司的共同侵权。邹某在明知涉案业务属于华亮公司商业机会的情况下，仍然将该业务交给其关联公司士通公司和世界之窗公司经营，拒不将涉案业务带来的收益交给华亮公司，构成侵权，邹某应当赔偿华亮公司的损失。基于邹某与士通公司、世界之窗公司之间的关联关系，士通公司、世界之窗公司对涉案业务属于华亮公司的商业机会应当是明知的。士通公司、世界之窗公司在此情况下，仍然将华亮公司的商业机会据为己有，应认定其与邹某共同实施了涉案侵权行为，邹某、士通公司、世界之窗公司应当对涉案侵权行为承担连带责任。戴女士是士通公司的法定代表人，其行为应当视为士通公司的行为，因此戴女士个人对华亮公司不构成侵权。

本案涉及的法条：（1）《民法典》第1168条："二人以上共同实施侵权行为，造成他人损害的，应当承担连带责任。"（2）《公司法》第148条："董事、高级管理人员不得有下列行为：（一）挪用公司资金；（二）将公司资金以其个人名义或者以其他个人名义开立账户存储；（三）违反公司章程的规定，未经股东会、股东大会或者董事会同意，将公司资金借贷给他人或者以公司财产为他人提供担保；（四）违反公司章程的规定或者未经股东会、股东大会同意，与本公司订立合同或者进行交易；（五）未经股东会或者股东大会同意，利用职务便利为自己或者他人谋取属于公司的商业机会，自营或者为他人经营与所任职公司同类的业务；（六）接受他人与公司交易的佣金归为己有；（七）擅自披露公司秘密；（八）违反对公司忠实义务的其他行为。""董事、高级管理人员违反前款规定所得的收入应当归公司所有。"（3）《公司法》第149条："董事、监事、高级管理人员执行公司职务时违反法律、行政法规或者公司章程的规定，给公司造成损失的，应当承担赔偿责任。"

【参考答案】

（1）邹某未经股东会同意，利用职务便利为他人谋取属于公司的商业机会，违反了《公司法》第148条规定的忠实义务。

（2）部分成立。邹某执行公司职务时违反法律规定，给公司造成损失，根据《公司法》第149条，应当承担赔偿责任。士通公司、世界之窗公司与邹某共同实施了侵权行为，根据《民法典》第1168条，应承担连带赔偿责任。戴女士是士通公司的法定代表人，其行为应当视为士通公司的行为，因此戴女士个人对华亮公司不构成侵权，不承担责任。

8. 2014年3月，孙一、孙二拟设立迪威体育管理有限公司（暂定名为迪威健身中心）。二人共同委托费三负责迪威健身中心的设立登记、装饰装修工程事宜。2014年4月15日，甲公司与迪威健身中心签订工程合同，约定甲公司给迪威健身中心装修室内场所，该合同由甲公司盖章和费三签字。后续工程标单和签证单由费三签字，但是在所有合同和单证中，甲方或业主的名称均显示为迪威健身中心。2014年12月18日，迪威体育管理有限公司成立，股东为孙一、孙二，法定代表人为孙一，总经理为费三。不久，甲公司报告工程完工，双方确认，孙一个人支付了50万工程款，尚有70万元工程款未实际支付。后甲公司向法院起诉，请求法院判令孙一、费三、迪威体育管理有限公司共同支付工程款70万元。

请问：

（1）在迪威体育管理有限公司成立后，孙一支付的50万元工程款应如何处理？

（2）甲公司的诉讼请求是否成立？为什么？

【案例解析与考点延伸】

关于设立中公司的地位和性质，可以用"视为合伙、自动接续"来概括。具体体现是：（1）在设立公司的过程中，所需费用通常由发起人垫付。在公司成立后，由公司返还给发起人，或者抵作发起人的出资。若公司未能成立，则由全体发起人分担。（2）在设立公司的过程中，可以设立中公司的名义对外签订合同。设立中公司具有订立合同的主体资格，但是却不能独立承担合同责任。如果公司成立，则由公司承担合同责任；如果公司最终未能成立，则由全体发起人连带承担合同责任。本案比较典型地体现了上述原理。

【参考答案】

（1）孙一支付的50万工程款，系为设立公司的目的发生。在公司成立后，应当由公司返还给孙一，或者抵作孙一对公司的出资。

（2）部分成立。工程合同是迪威健身中心与甲公司之间订立，而迪威健身中心是迪威体育管理有限公司设立中的暂定名，应认定为设立中的公司。孙一为迪威体育管理有限公司的发起人，费三是发起人的代理人。根据《公司法解释（三）》第3条第1款，迪威体育管理有限公司成立后应承担该合同责任，孙一、费三不必承担合同责任。

9.凯莱公司（有限责任公司）仅有戴某某与林某某两名股东，两人各占50%的股份，戴某某任执行董事、法定代表人。凯莱公司章程规定"股东会的决议须经代表1/2以上表决权的股东通过"。2016年6月1日，凯莱公司召开股东会，讨论增加执行董事薪酬问题，因股东意见分歧严重，最终未能形成决议。此后，林某某与戴某某两人之间的矛盾逐渐显现，凯莱公司未召开过股东会，导致公司经营管理发生严重困难。林某某和戴某某均不愿意转让股权，服装城管委会调解委员会于2019年12月15日、16日两次组织双方进行调解，但均未成功。现林某某以凯莱公司和戴某某为被告提起诉讼，请求解散凯莱公司，请求法院对凯莱公司进行清算。凯莱公司辩称，公司尚在经营，且并未处于亏损状态。法院主持调解，但林某某拒绝。

请问：

（1）本案应如何列当事人？

（2）法院是否应当判决解散公司？为什么？

（3）林某某提出对凯莱公司清算的请求，法院应如何处理？

【案例解析与考点延伸】

首先，凯莱公司的经营管理已发生严重困难。"公司经营管理发生严重困难"的侧重点在于公司管理方面存有严重内部障碍，如股东会机制失灵、无法就公司的经营管理进行决策等，不应片面理解为公司资金缺乏、严重亏损等经营性困难。本案中，凯莱公司已持续超过3年未召开股东会，也就无法通过股东会决议的方式管理公司，股东会机制已经失灵，即使尚未处于亏损状况，也不能改变该公司的经营管理已发生严重困难的事实。其次，林某某的股东权长期处于无法行使的状态，其投资凯莱公司的目的无法实现，利益受到重大损失，且凯莱公司的僵局通过服装城管委会调解等其他途径长期无法解决，法院也积极进行调解，但均未成功，股东也不愿意通过股权转让等方式解决僵局。此外，林某某持有凯莱公司50%的股份，也符合公司法关于提起公司解散诉讼的股东须持有公司10%以上股份的条件。

本案适用的法条有：（1）《公司法》第182条："公司经营管理发生严重困难，继续存续会使股东利益受到重大损失，通过其他途径不能解决的，持有公司全部股东表决权百分之十以上的股东，可以请求人民法院解散公司。"（2）最高人民法院关于适用《中华人民共和国公司法》若干问题的规定（二）（以下简称《公司法解释（二）》）第1条："单独或者合计持有公司全部股东表决权百分之十以上的股东，以下列事由之一提起解散公司诉讼，并符合公司法第一百八十二条规定的，人民法院应予受理：（一）公司持续两年以上无法召开股东会或者股东大会，公司经营管理发生严重困难的；（二）股东表决时无法达到法定或者公司章程规定的比例，持续两年以上不能做出有效的股东会或者股东大会决议，公司经营管理发生严重困难的；（三）公司董事长期冲突，且无法通过股东会或者股东大会解决，公司经营管理发生严重困难的；（四）经营管理发生其他严重困难，公司继续存续会使股东利益受到重大损失的情形。股东以知情权、利润分配请求权等权益受到损害，或者公司亏损、财产不足以偿还全部债务，以及公司被吊销企业法人营业执照未进行清算等为由，提起解散公司诉讼的，人民法院不予受理。"（3）《公司法解释（二）》第2条："股东提起解散公司诉讼，同时又申请人民法院对公司进行清算的，人民法院对其提出的清算申请不予受理。人民法院可以告知原告，在人民法院判决解散公司后，依据民法典第七十条、公司法第一百八十三条和本规定第七条的规定，自行组织清算或者另行申请人民法院对公司进行清算。"（4）《公司法解释（二）》第4条："股东提起解散公司诉讼应当以公司为被告。原告以其他股东为被告一并提起诉讼的，人民法院应当告知原告将其他股东变更为第三人；原告坚持不予变更的，人民法院应当驳回原告对其他股东的起诉。原告提起解散公司诉讼应当告知其他股东，或者由人民法院通知其参加诉讼。其他股东或者有关利害关系人申请以共同原告或者第三人身份参加诉讼的，人民法院应予准许。"

【参考答案】

（1）本案应列林某某为原告，凯莱公司为被告。法院应当告知林某某将戴某某变更为第三人；若林某某坚持不予变更，法院应当驳回林某某对戴某某的起诉。

（2）法院应当判决解散公司。截至林某某提起诉讼时，凯莱公司已经持续两年以上未召开过股东会，导致经营管理发生严重困难，通过调解等其他途径也不能解决，且林某某持有凯莱公司50%的股权，具备原告资格，根据《公司法》第182条以及《公司法解释（二）》第1条规定，法院应当判决解散凯莱公司。凯莱公司提出其尚在经营，且并未处于亏损状态的抗辩，不能成立。

（3）法院对林某某提出的清算申请不予受理。根据《公司法解释（二）》第2条规定，股东提起解散公司诉讼，同时又申请人民法院对公司进行清算的，人民法院对其提出的清算申请不予受理。

10. 金泰汇通公司注册资本100万元，周某出资35万元，蔡某出资5万元，韦某出资60万元。2015年7月15日，韦某伪造周某的签名，签订《股权转让协议书1》，将周某持有的金泰汇通公司35万股权转让给韦某，并于数日后办理了股权变更登记。2018年1月19日，经蔡某同意，韦某与王某签订《股权转让协议2》，韦某将其持有的金泰汇通公司全部股权转让给王某，王某支付了100万元价款。王某在签订《股权转让协议2》之前查询了金泰汇通公司的登记资料。目前金泰汇通公司的登记信息显示，股东为蔡某出资5万元、王某出资95万元。

周某诉请：判令确认《股权转让协议1》和《股权转让协议2》无效；判令王某向周某返

还金泰汇通公司 35% 的股权。

请问：

（1）韦某能否取得周某持有的金泰汇通公司 35% 股权？为什么？

（2）王某能否取得金泰汇通公司 95% 的股权？为什么？

【案例解析与考点延伸】

《民法典》第 311 条规定："无处分权人将不动产或者动产转让给受让人的，所有权人有权追回；除法律另有规定外，符合下列情形的，受让人取得该不动产或者动产的所有权：（一）受让人受让该不动产或者动产时是善意；（二）以合理的价格转让；（三）转让的不动产或者动产依照法律规定应当登记的已经登记，不需要登记的已经交付给受让人。受让人依据前款规定取得不动产或者动产的所有权的，原所有权人有权向无处分权人请求损害赔偿。当事人善意取得其他物权的，参照适用前两款规定。"此即物权善意取得的规定。在公司法上，也有可能发生股权的无权处分，可以参照上述规定解决股权归属问题。本案中，发生了两次股权转让。第一次转让，系韦某伪造周某签名，将周某的 35% 股权转让至自己名下，双方之间并无股权转让行为，韦某当然不能取得这 35% 股权。然而，股权变更登记已经完成，韦某取得了这 35% 股权的权利外观。第二次转让，韦某对这 35% 股权实施了无权处分，王某能否取得这 35% 的股权，取决于是否满足善意取得的构成要件。从案情来看，王某尽到了审查义务，在无相反证据证明王某明知或应知无权处分的情况下，应认定其为善意；王某支付了合理的价款；股权转让已经完成了变更登记，因此股权善意取得的构成要件已经完备，王某可以取得这 35% 的股权。至于第二次转让中，原属于王某所有的 60% 的股权，当然也已经依法移转给了王某。

【参考答案】

（1）不能。因为周某的签名系韦某伪造，在周某和韦某之间并无合意，所以《股权转让协议 1》不成立，韦某不能基于股权转让继受取得股权。又由于韦某为恶意，不符合善意取得构成要件，所以韦某不能原始取得股权。尽管已经办理了股权变更登记，但是该 35% 的股权仍应属于周某所有。

（2）能。在韦某向王某转让的股权中，有一部分即 60% 原系韦某合法持有，韦某有权予以处分，王某可以基于有效的股权转让行为取得这一部分股权。另一部分即 35% 系周某所有，韦某无权予以处分，但是由于王某审查了金泰汇通公司的登记资料，应认定其为善意相对人，且王某已经支付了合理对价、完成了股权变更登记，可以基于善意取得规则而取得这一部分股权。

11. 洪武公司于 2003 年登记设立，经营期限至 2006 年 12 月 31 日，股东出资情况为：公路局认缴出资 253 万元，占 50.6% 股权，王小军认缴出资 244 万元，占 48.8% 股权，蒋某、邹某、刘某各认缴出资 1 万元，各占 0.2% 股权，均应在公司成立时缴清。2007 年洪武公司被公司登记机关吊销营业执照。2009 年 12 月，公路局向法院申请对洪武公司进行清算，法院予以受理。因李大广与王小军借贷纠纷案，李大广申请强制执行王小军在洪武公司的全部股权。2012 年 8 月 22 日，法院作出裁定，将王小军在洪武公司 48.8% 股权作价 125 万元转让给李大广，法院于 2013 年变更李大广为清算组成员之一。2014 年 7 月 29 日，法院作出裁定，以公路局未能提供完整账册，使清算组无法对洪武公司进行全面清算，裁定终结对洪武公司的强制清算。

李大广提起诉讼，请求各股东缴资并支付利息，公路局对王小军的出资义务承担连带责任。经审计，截至原告起诉时，公路局欠缴出资 53 万元，王小军欠缴出资 138.5 万元，蒋某欠缴出资 1 万元，邹某欠缴出资 1 万元，其余认缴出资已缴清。

请问：

（1）李大广是否具备本案的原告主体资格？为什么？

（2）假如李大广具备原告资格，其诉讼请求是否应予支持？为什么？

【案例解析与考点延伸】

回答本题第（1）问，需要明确本案的性质。股东对公司的出资义务，既涉及股东与公司的关系，也涉及股东与股东之间的关系。因此，不仅公司对违反出资义务的股东有请求权，其他股东也有请求权。《公司法解释（三）》第 13 条第 1 款规定："股东未履行或者未全面履行出资义务，公司或者其他股东请求其向公司依法全面履行出资义务的，人民法院应予支持。"股东提起的这种诉讼，性质上为股东直接诉讼，而非股东代表诉讼，不必履行《公司法》第 151 条规定的前置程序。本案中，李大广作为洪武公司股东，有权以自己名义直接提起本案诉讼。

第（2）问中，各股东应当缴资并承担相应利息，比较容易判断。稍微难一点的问题在于，公路局是否需要为王小军的出资义务承担连带责任。考虑到王小军为自然人，其是否有能力履行出资义务存在疑问，而公路局通常是有能力履行金钱给付义务的，所以李大广希望由公路局最终履行出资义务。《公司法解释（三）》第 13 条第 3 款规定："股东在公司设立时未履行或者未全面履行出资义务，依照本条第 1 款或者第 2 款提起诉讼的原告，请求公司的发起人与被告股东承担连带责任的，人民法院应予支持；公司的发起人承担责任后，可以向被告股东追偿。"公路局作为洪武公司设立时的股东，系洪武公司的发起人，依法应当对其他股东的出资瑕疵承担连带责任。李大广关于公路局应对王小军的补足出资义务承担连带责任的主张，有法律依据，应予支持。

此外，本案还有一个问题，可能让考生感到困惑：公司解散后，已经进入清算程序，股东还可以转让股权吗？答案是肯定的。从理论上讲，公司解散是指引起公司人格消灭的法律事实。公司解散并不立即导致公司人格的消灭，而是应当停止积极活动，进入清算程序了结公司既有的法律关系，进入最终目标为公司消灭的事实状态和法律状态。公司在清算目的范围内视为依然存续，清算中的公司与解散事由出现前的公司在法律人格上是同一民事主体。由于清算中的公司可能有剩余财产可供分配，因此其股权仍有价值，可以转让，也可以作为强制执行的标的。此外，公司出现解散事由、依法清算完毕前，有关公司的民事诉讼，仍应以公司自己的名义进行。成立清算组的，应当由清算组负责人代表公司参加诉讼活动；没有成立清算组的，则仍由原法定代表人代表公司参加诉讼活动。

本案法院最终判决如下：公路局缴资 53 万元并支付利息，王小军缴资 138.5 万元并支付利息（公路局承担连带责任），蒋某缴资 1 万元并支付利息，邹某缴资 1 万元并支付利息，诉讼费用由各方分担。

【参考答案】

（1）李大广具备本案的原告主体资格。《公司法解释（三）》第 13 条第 1 款规定："股东未履行或者未全面履行出资义务，公司或者其他股东请求其向公司依法全面履行出资义务的，人民法院应予支持。"李大广作为洪武公司股东，有权以自己名义直接提起本案诉讼。

（2）应予支持。逐一分析如下：

①《公司法》第 28 条规定，股东应当按期足额缴纳公司章程中规定的各自所认缴的出资额。本案中，公路局、王小军、蒋某、邹某应当承担向洪武公司补足欠缴出资，并应承担欠缴期间的资金占用利息。

②《公司法解释（三）》第13条第3款规定，股东在公司设立时未履行或者未全面履行出资义务，依照本条第一款或者第二款提起诉讼的原告，请求公司的发起人与被告股东承担连带责任的，人民法院应予支持；公司的发起人承担责任后，可以向被告股东追偿。本案中，公路局作为洪武公司设立时的股东，系洪武公司的发起人，依法应当对其他股东的出资瑕疵承担连带责任。

12. 中清化公司于2013年10月28日成立时，注册登记信息显示公司注册资本5000万元，史某认缴出资2750万元，其中1000万元已经实缴，其余1750万元应于2015年10月28日之前缴足，其余3名股东认缴剩余的2250万元出资，且已经实缴完毕。2015年10月26日，经全体股东同意，中清化公司通过《公司章程修正案一》并办理变更登记，将史某出资期限延长至2018年10月28日。2016年12月25日，鑫苑公司与中清化公司签订《合作协议书》，鑫苑公司向中清化公司支付500万元保证金。因客观情况变化，致使《合作协议书》目的不能实现，双方协商解除了《合作协议》，但是中清化公司一直未向鑫苑公司返还保证金。2018年7月，经全体股东同意，中清化公司通过修改《公司章程修正案二》并办理变更登记，将史某出资期限延长至2030年8月8日。2018年11月15日，鑫苑公司诉请中清化公司返还保证金500万元，史某承担连带责任。

请问：

（1）假设中清化公司在2018年10月28日要求史某缴清出资，史某是否有权拒绝？为什么？

（2）对于鑫苑公司的诉讼请求，法院应如何处理？为什么？

【案例解析与考点延伸】

本案的争议焦点在于加速到期问题。从理论上讲，我国《公司法》实行注册资本认缴制，股东的出资期限由公司章程规定，但这并不代表公司的股东可以利用该规则的变动，恣意侵害债权人之利益。进言之，对于债权人具有对抗力的股东出资期限，应适用债权债务发生时经登记的《公司章程》所确定的股东出资期限。如股东在该期限前全面履行了出资义务，则无需承担补充赔偿责任；反之，则应承担。债务人在债务发生后通过修改《公司章程》延长出资期限的行为，不得对抗该债权人。这一理论得到了《九民纪要》的认可，其中第6条规定，在注册资本认缴制下，股东依法享有期限利益。债权人以公司不能清偿到期债务为由，请求未届出资期限的股东在未出资范围内对公司不能清偿的债务承担补充赔偿责任的，人民法院不予支持。但是，下列情形除外：（1）公司作为被执行人的案件，人民法院穷尽执行措施无财产可供执行，已具备破产原因，但不申请破产的；（2）在公司债务产生后，公司股东（大）会决议或以其他方式延长股东出资期限的。本案中，2016年12月25日，鑫苑公司与中清化公司签订《合作协议书》之时，中清化公司之工商登记信息显示的史某出资期限为2018年10月28日，鑫苑公司可以信赖史某至迟将于2018年10月28日之前缴足出资。虽然，中清化公司于2018年7月通过修改《公司章程》将史某出资期限延长至2030年8月8日，但是该公司不得以此次修改的《公司章程》所确定的出资期限对抗鑫苑公司。法院最终判决，中清化公司返还鑫苑公司500万元，史某在1750万元范围内承担补充赔偿责任。

需要注意的是，所谓加速到期，实际上是对债权人的保护机制，并不涉及股东与公司之间的出资期限问题。因此，在章程规定的缴资期限届至前，公司无权要求股东提前履行出资义务。

【参考答案】

（1）史某有权拒绝。《公司法》第28条规定，股东应当按期足额缴纳公司章程中规定的各自所认缴的出资额。本案中，经过两次修改之后，中清化公司章程规定的史某缴资期限为2030 年 8 月 8 日。对于中清化公司要求史某提前缴资的主张，史某有权予以拒绝。

（2）法院应当判决，中清化公司返还鑫苑公司 500 万元，史某在 1750 万元范围内承担补充赔偿责任。在注册资本认缴制下，一般不适用加速到期规则。但是，在公司债务产生后，公司股东会决议或以其他方式延长股东出资期限的，可以适用加速到期，债权人有权要求股东按照原出资期限承担补充赔偿责任。本案中，中清化公司债务产生时，其章程规定的史某出资期限为 2018 年 10 月 28 日，虽然此后通过的《公司章程修正案二》将史某出资期限延长到 2030年，但是不能对抗债权人，鑫苑公司在 2018 年 10 月 28 日之后有权要求史某在欠缴出资额即1750 万元范围内承担补充赔偿责任。

13. 平宇公司注册资本 100 万元，股东为华亮（实缴 50 万元）、尹某（实缴 15 万元）、洪某（实缴 15 万元）、江某（实缴 10 万元）、汤某（实缴 10 万元），华亮任法定代表人。2017年 4 月 23 日，平宇公司增资 900 万元，均已实缴，其中华亮认缴 450 万元。华亮将新增出资450 万元汇入平宇公司账户后不久，又通过复杂的转款方式抽回，没有证据证明其他股东对此知情。2017 年 11 月 3 日，平宇公司召开股东会并形成股东会决议，相关股东签订了股权转让协议，华亮将持有的平宇公司 5% 的股权无偿转让给唐晓楠。平宇公司欠萍钢公司 1000 万元本息到期未还。现萍钢公司起诉，要平宇公司清偿债务，华亮在 450 万元本息范围内承担连带责任，唐晓楠在 45 万元范围内承担连带责任。

请问：

（1）萍钢公司对华亮的诉讼请求是否成立？为什么？

（2）萍钢公司对唐晓楠的诉讼请求是否成立？为什么？

（3）萍钢公司是否有权要求平宇公司的其他股东承担责任？为什么？

【案例解析与考点延伸】

本题首先涉及公司独立责任原理。《公司法》第 3 条规定："公司是企业法人，有独立的法人财产，享有法人财产权。公司以其全部财产对公司的债务承担责任。有限责任公司的股东以其认缴的出资额为限对公司承担责任；股份有限公司的股东以其认购的股份为限对公司承担责任。"有限责任公司的股东以其认缴的出资额为限对公司承担责任，这就意味着，如果股东认缴的出资已经缴清，未抽逃出资，则不必为公司债务向债权人承担责任。在本案中，平宇公司其他股东就属于这种情形。

本题还涉及抽逃出资的法律后果。《公司法解释（三）》第 14 条规定："股东抽逃出资，公司或者其他股东请求其向公司返还出资本息、协助抽逃出资的其他股东、董事、高级管理人员或者实际控制人对此承担连带责任的，人民法院应予支持。公司债权人请求抽逃出资的股东在抽逃出资本息范围内对公司债务不能清偿的部分承担补充赔偿责任、协助抽逃出资的其他股东、董事、高级管理人员或者实际控制人对此承担连带责任的，人民法院应予支持；抽逃出资的股东已经承担上述责任，其他债权人提出相同请求的，人民法院不予支持。"本题中，华亮抽逃出资 450 万元，无其他协助者，所以债权人有权请求华亮在 450 万元本息范围内承担补充赔偿责任。

本题又涉及瑕疵股权转让问题。《公司法解释（三）》第 18 条规定："有限责任公司的股东未履行或者未全面履行出资义务即转让股权，受让人对此知道或者应当知道，公司请求该股东履行出资义务、受让人对此承担连带责任的，人民法院应予支持；公司债权人依照本规定第十三条第二款向该股东提起诉讼，同时请求前述受让人对此承担连带责任的，人民法院应予支持。受让人根据前款规定承担责任后，向该未履行或者未全面履行出资义务的股东追偿的，人民法院应予支持。但是，当事人另有约定的除外。"该条仅规定了"有限责任公司的股东未履行或者未全面履行出资义务即转让股权"，未规定股东抽逃出资后转让股权，但是在性质上二者并无差异，所以该条也可以类推适用于股东抽逃出资后转让股权的情形。本题中，华亮抽逃出资后转让股权，受让人唐晓楠是否承担责任，取决于其对股权瑕疵是否知道或者应当知道。实务中，对于受让人是否知道或者应当知道股权瑕疵，主要是通过股权转让条件以及转让方与受让方的关系来判断。由于本题是无偿转让股权，可以认定受让人知道或应当知道股权瑕疵。因此，对于其受让的5%股权，受让人唐晓楠应与转让人华亮承担连带责任。

【参考答案】

（1）成立。本案中，华亮抽逃出资450万元，根据《公司法解释（三）》第14条规定，债权人萍钢公司有权主张其在450万元本息范围内承担补充赔偿责任。虽然华亮已经将部分股权转让给他人，但其责任并不因此减轻或免除。

（2）成立。本案中，华亮抽逃出资450万元后，将持有的平宇公司5%股权无偿转让给唐晓楠，可以认定唐晓楠知道或应当知道该股权瑕疵，参照《公司法解释（三）》第18条规定，唐晓楠应当在受让的相应份额范围内对华亮抽逃出资的部分承担连带清偿责任，即在45万元份额内承担连带责任。

（3）无权。本案中，平宇公司其他股东出资已经缴清，未抽逃出资，对于华亮抽逃出资也不知情，不必为平宇公司的债务向债权人负责。

14. 丙公司系由甲公司、丁公司、赵某于1999年3月共同投资成立的有限公司，丁公司实际出资9000万元，赵某为董事长兼法定代表人，佟某为监事。银行转账记录显示，丁公司于2008年1月至9月从丙公司账户上分四次合计转走9000万元，每一笔转账均由赵某签字、丙公司财务人员经办。2009年3月18日，丁公司被乙公司吸收合并，后办理了注销登记。

2009年11月23日，丙公司以乙公司为被告起诉至某市中级法院，请求确认上述被丁公司转走的资金归丙公司所有。2010年10月13日，某市中级法院作出一审判决（以下简称一号判决），驳回了丙公司的诉讼请求。2017年5月12日，某省高级法院基于再审程序作出判决，撤销上述一号判决，确认上述9000万元资金归丙公司所有（以下简称二号判决）。

二号判决作出前后数月，甲公司多次与乙公司和赵某谈判，要求乙公司和赵某向丙公司返还9000万元及其利息，但是未能达成一致。2017年7月15日，甲公司以乙公司和赵某为被告起诉，请求法院判令乙公司向丙公司返还9000万元及其利息，赵某承担连带责任。

乙公司和赵某共同提出答辩：第一，本案构成重复诉讼；第二，本案系丙公司与乙公司之间纠纷，甲公司无权提起诉讼。法院另查明，丙公司股东名册和登记资料载明的股东均为甲公司、丁公司和赵某。

请问：

（1）在丁公司被乙公司吸收合并之后，会产生何种法律后果？

（2）乙公司和赵某的第一个抗辩理由是否成立？为什么？

（3）乙公司和赵某的第二个抗辩理由是否成立？为什么？

【案例解析与考点延伸】

《公司法》第174条规定，公司合并时，合并各方的债权、债务，应当由合并后存续的公司或者新设的公司承继。据此，可以轻松回答出第（1）问。

后面两问稍微有点复杂，下面分别讨论。一是是否构成重复诉讼问题。丙公司曾以乙公司为被告起诉，诉讼请求是确认被丁公司转走的9000万元系丙公司所有，性质为确认之诉。本案是甲公司以乙公司和赵某为被告提起的诉讼，诉讼请求是返还9000万元及其利息，性质为给付之诉，因此不属于重复诉讼。二是甲公司是否有权起诉问题。本案实体法律关系发生在丙公司和乙公司之间，如果甲公司起诉，其依据何在？一种可能是股东代表诉讼，但是根据《公司法》第151条，股东提起股东代表诉讼，需要穷尽内部救济手段，完成前置程序，即书面请求公司监事佟某起诉，若佟某拒绝起诉、拖延起诉或者情况紧急，股东方可提起股东代表诉讼。然而，本案中，甲公司未能提出证据证明已经完成上述前置程序，故不符合提起股东代表诉讼的程序要件。另一种可能是，甲公司以丙公司股东的身份，直接提起诉讼，其依据是《公司法解释（三）》第14条第1款："股东抽逃出资，公司或者其他股东请求其向公司返还出资本息、协助抽逃出资的其他股东、董事、高级管理人员或者实际控制人对此承担连带责任的，人民法院应予支持。"

综上，乙公司和赵某提出的两个抗辩理由均不成立。基于丁公司抽逃出资、赵某协助的事实，以及丁公司为乙公司吸收合并的事实，丙公司的股东甲公司有权请求乙公司返还抽逃出资9000万元本息、赵某承担连带责任。

【参考答案】

（1）在丁公司被乙公司吸收合并之后，原丁公司的债权债务，由乙公司承继。原丁公司在丙公司的股权，也由乙公司享有。

（2）不成立。二号判决所涉诉讼为确认之诉，本案为给付之诉，二者性质不同，不构成重复诉讼。

（3）不成立。本案中，丁公司抽逃出资，丁公司被乙公司吸收合并后由乙公司承担相应责任，赵某协助丁公司抽逃出资，甲公司是丙公司股东，根据《公司法解释（三）》第14条，甲公司有权要求乙公司返还抽逃出资本息，赵某承担连带责任。

15. 2019年3月5日，华亮置业有限公司形成股东会决议，明确由沈某、钟某、袁某三位股东共同主持工作，确认全部财务收支、经营活动和开支、对外经济行为必须通过申报并经全体股东共同联合批签才可执行，对重大资产转让要求以股东会决议批准方式执行。另查明，华亮置业有限公司仅有沈某、钟某、袁某三位股东，三人持股比例分别为40%、40%和20%。2019年7月12日，华亮置业有限公司召开临时股东会，作出决议，出售该公司开发的二期资产，并且确定了转让价格、受让方等事项。因沈某和钟某知道袁某反对此次二期资产转让，所以该次股东会未通知袁某出席。2019年7月19日，袁某知悉上述资产转让事宜后，立即申请召开临时股东会，明确表示反对二期资产转让，要求立即停止转让上述资产，但是华亮置业有限公司驳回了袁某的申请，并继续对二期资产进行转让。随后，袁某向华亮置业有限公司提出退出公司的主张，要求公司按照评估价收购自己持有的20%股权，但因公司对价格问题有异议，双方未能达成协议。2019年8月7日，袁某以华亮置业有限公司为被告起诉，请求法院判令被告召开临时股东会重新表决二期资产转让问题。2019年8月14日，袁某以华亮置业有限公司为被告起诉，请求法院判令被告以评估价收购自己持有的20%股权。

请问：

（1）对于袁某于2019年8月7日提起的诉讼，法院应如何处理？为什么？

（2）对于袁某于2019年8月14日提起的诉讼，法院应如何处理？为什么？

【案例解析与考点延伸】

公司召开股东会本质上属于公司内部治理范围，法院不应介入。实践中，有些公司的股东之间矛盾重重，对于是否召开股东会意见不同。对此，《公司法》第40条规定："有限责任公司设立董事会的，股东会会议由董事会召集，董事长主持；董事长不能履行职务或者不履行职务的，由副董事长主持；副董事长不能履行职务或者不履行职务的，由半数以上董事共同推举一名董事主持。有限责任公司不设董事会的，股东会会议由执行董事召集和主持。董事会或者执行董事不能履行或者不履行召集股东会会议职责的，由监事会或者不设监事会的公司的监事召集和主持；监事会或者监事不召集和主持的，代表十分之一以上表决权的股东可以自行召集和主持。"具体到本案中，袁某应当向公司董事会提议召开股东会，遭拒后可以向公司监事会提议召开股东会，仍然遭拒后可以自行召集和主持股东会。如果袁某坚持起诉，法院应当裁定不予受理；已经受理的，裁定驳回起诉。

关于股权回购问题，《公司法》第74条规定："有下列情形之一的，对股东会该项决议投反对票的股东可以请求公司按照合理的价格收购其股权：（一）公司连续五年不向股东分配利润，而公司该五年连续盈利，并且符合本法规定的分配利润条件的；（二）公司合并、分立、转让主要财产的；（三）公司章程规定的营业期限届满或者章程规定的其他解散事由出现，股东会会议通过决议修改章程使公司存续的。自股东会会议决议通过之日起六十日内，股东与公司不能达成股权收购协议的，股东可以自股东会会议决议通过之日起九十日内向人民法院提起诉讼。"需要注意的是，虽然该条规定的股权回购请求权主体仅仅为"对股东会该项决议投反对票的股东"，但在解释上，应当认为还包括非因自身过错而未能出席股东会的异议股东。

【参考答案】

（1）对于袁某于2019年8月7日提起的诉讼，法院应当告知其按照《公司法》第40条规定的程序自行召开。袁某坚持起诉的，法院应当裁定不予受理；已经受理的，裁定驳回起诉。

（2）法院应判决支持袁某的诉讼请求。根据《公司法》第74条规定，公司转让主要财产的，对相关决议投反对票的股东有权请求公司以合理的价格收购自己的股权。本案中，袁某虽未对股东会决议投反对票，但其非因自身过错未能参加股东会，且对公司转让主要财产明确提出反对意见，仍应享有股权回购请求权。在协商未果后，袁某提起诉讼，法院应当判决支持其诉讼请求。

16. 2015年4月18日，甲、乙双方签订股份转让协议一份，协议约定：百花股份公司是根据《公司法》登记设立的股份有限公司。现甲方决定将所持有的公司600万股的股份以总价760万元转让给乙方，乙方在本协议签订之日起5个工作日内向甲方支付合同价款20%，剩余合同价款在股份交割之后5个工作日内支付完毕。若乙方未按时支付上述合同价款，乙方需向甲方支付合同价款10%的违约金。协议签订后，在协议约定的期限内，乙未能向甲支付合同价款，甲遂起诉至法院，要求乙向甲支付76万元违约金。另查明，上述股份转让协议签订时，甲为百花股份公司的董事，乙为百花股份公司副总经理但并不持有百花股份公司的股份。

请问：

（1）若百花股份公司的另一股东丙知悉甲、乙的股份转让协议后，主张行使同等条件下的优先购买权，其主张是否成立？为什么？

（2）本案应如何处理？为什么？

【案例解析与考点延伸】

《公司法》第137条规定："股东持有的股份可以依法转让。"第141条规定："发起人持有的本公司股份，自公司成立之日起一年内不得转让。公司公开发行股份前已发行的股份，自公司股票在证券交易所上市交易之日起一年内不得转让。公司董事、监事、高级管理人员应当向公司申报所持有的本公司的股份及其变动情况，在任职期间每年转让的股份不得超过其所持有本公司股份总数的百分之二十五；所持本公司股份自公司股票上市交易之日起一年内不得转让。上述人员离职后半年内，不得转让其所持有的本公司股份。公司章程可以对公司董事、监事、高级管理人员转让其所持有的本公司股份作出其他限制性规定。"由此可知，基于其资合性，股份公司的股份原则上自由转让，不必经其他股东同意，其他股东也不享有同等条件下的优先购买权，但是发起人、董事、监事、高级管理人员所持有的股份，在转让时受到一定的限制。本案中，甲与乙于2015年4月18日签订案涉股份转让协议时，甲系百花股份公司的董事。双方约定将甲持有的百花集团公司全部股份一次性转让给乙，明显违反前述法律规定，故案涉协议应属无效，甲依据案涉股份转让协议，以乙未按约支付股份转让款为由，要求乙支付违约金，法院不予支持。另外，丙提出的优先购买权主张，于法无据。

【参考答案】

（1）不成立。基于股份公司的资合性，其股份自由转让，不必经其他股东同意，其他股东也不享有同等条件下的优先购买权。

（2）法院应判决驳回甲的诉讼请求。本案中，甲为百花股份公司董事，其股份转让行为违反了《公司法》第141条的规定，因此甲、乙之间的股份转让协议无效，甲基于该协议提出的违约金请求应予驳回。

17. 王甲、王乙二人与曲某等六人是大禹煤矿（普通合伙企业）的全部八名合伙人。2008年7月23日，曲某等六人在未经王甲、王乙同意的情况下，与赵某（非合伙人）签订《内部转让协议》，将六人全部合伙份额以每人175万元价格转让给赵某。赵某支付了转让款。2008年7月26日，王甲、王乙得知情况后与曲某等六人召开合伙人大会，表示不同意将合伙企业的财产份额出售给赵某，愿意以同等条件购买曲某等六人的财产份额，但没有达成一致意见。2008年8月8日王甲、王乙与曲某等六人再次研究大禹煤矿转让事宜但未有结果。当天曲某等六人通知王甲、王乙，要求积极配合相关手续的变更办理。后曲某等六人向王甲、王乙发出通知并在当地报纸刊登公告，将王甲、王乙从合伙企业中除名。

请问：

（1）王甲、王乙愿意以同等条件购买曲某等六人的财产份额，其主张是否成立？为什么？

（2）曲某等六人将王甲、王乙除名是否合法？为什么？

【案例解析与考点延伸】

基于合伙企业的纯粹人合性，合伙份额的对外转让比有限公司股权对外转让的条件更加苛刻。《合伙企业法》第22条规定："除合伙协议另有约定外，合伙人向合伙人以外的人转让其在合伙企业中的全部或者部分财产份额时，须经其他合伙人一致同意。合伙人之间转让在合伙企业中的全部或者部分财产份额时，应当通知其他合伙人。"第23条规定："合伙人向合伙人以外的人转让其在合伙企业中的财产份额的，在同等条件下，其他合伙人有优先购买权；但是，合伙协议另有约定的除外。"本题中，合伙人未经其他合伙人同意对外转让合伙份额，其他合伙人有权主张行使同等条件下的优先购买权。

至于除名问题，《合伙企业法》第49条规定："合伙人有下列情形之一的，经其他合伙人一致同意，可以决议将其除名：（一）未履行出资义务；（二）因故意或者重大过失给合伙企业造成损失；（三）执行合伙事务时有不正当行为；（四）发生合伙协议约定的事由。对合伙人的除名决议应当书面通知被除名人。被除名人接到除名通知之日，除名生效，被除名人退伙。被除名人对除名决议有异议的，可以自接到除名通知之日起三十日内，向人民法院起诉。"合法的除名，需要具备三个要件，一是合伙人有该条所列的严重过错行为，二是经其他合伙人一致同意，三是要通知被除名人。本案第一个要件不具备，除名不合法。

【参考答案】

（1）成立。曲某等六名合伙人向合伙人以外的赵某转让合伙份额，转让条件已经确定，根据《合伙企业法》第22条规定，合伙人王甲、王乙享有同等条件下的优先购买权。

（2）不合法。王甲、王乙并无《合伙企业法》第49条规定的情形，仅仅与曲某等六人发生了合伙份额转让纠纷，曲某等六人将王甲、王乙除名，于法无据。

18. 2016年4月，甲钢丝有限公司与乙水泥制品厂（雷某所开设的个人独资企业）签订《钢丝供应合同》，前者向后者供应钢丝50吨，总价款40万元。之后，甲公司依约分两次向乙厂发货，但是乙厂仅支付了部分货款，尚有19万元一直拖欠未付。在催款期间，甲公司得知雷某与妻子共同开设了丙水泥制品有限公司，经营范围与乙厂完全相同，而乙厂账户内已经没有资金。于是，甲公司提起诉讼，请求雷某支付货款及利息，丙水泥制品有限公司承担连带责任。

请问：

（1）甲公司是否有权要求雷某支付货款及利息？为什么？

（2）甲公司是否有权要求丙水泥制品有限公司承担责任？为什么？

【案例解析与考点延伸】

本案涉及个人独资企业债务承担以及公司独立人格问题。就前者而言，《个人独资企业法》第2条规定，本法所称个人独资企业，是指依照本法在中国境内设立，由一个自然人投资，财产为投资人个人所有，投资人以其个人财产对企业债务承担无限责任的经营实体。第18条规定，个人独资企业投资人在申请企业设立登记时明确以其家庭共有财产作为个人出资的，应当依法以家庭共有财产对企业债务承担无限责任。由于《钢丝供应合同》的双方当事人为甲公司与乙厂，所以通常情况下甲公司应以乙厂为被告起诉，但是由于乙厂账户内没有资金，甲公司根据《个人独资企业法》第2条规定，起诉雷某，要求其对乙厂债务承担责任也是可以的。就后者而言，情形稍显复杂。首先，丙公司并非《钢丝供应合同》的当事人，不必直接为该合同承担责任。其次，雷某是丙公司股东之一，丙公司通常不必为股东债务承担连带责任，除非出现逆向揭穿公司面纱（所谓逆向揭穿，与一般的揭穿公司面纱相反，即原本是股东债务，却由公司承担连带责任，在司法实践中极为罕见，争议巨大。一般认为，如果股东无偿转移个人财产至公司，而将债务留给自己，以达到逃避债务的目的，则可以参照适用《公司法》第20条第3款）。最后，如果雷某个人财产不足以清偿对甲公司的债务，甲公司可以通过申请强制执行雷某在丙公司中的股权来实现自己的债权。因此，对于甲公司要求丙公司承担连带责任的诉讼请求，应当予以驳回。

这里还有一个"夫妻公司"的问题需要进一步展开。首先，夫妻公司也是公司，具有法人资格，拥有独立的财产，能够独立承担民事责任。其次，夫妻公司极容易成为夫妻转移财产、逃避债务的工具，因此司法实践中往往比照一人公司的规定。当股东不能证明自己财产与公司财产独立时，让股东对公司债务承担连带责任。最后，对于"夫妻公司"，应当以夫妻各自所有财产作为注册资本，并各自承担相应的责任。因此，夫妻双方登记注册公司时应当提交财产分割证明。未进行财产分割的，一般应认定为夫妻双方以共同共有财产出资设立公司，股权也属于夫妻共同共有。

【参考答案】

（1）有权。甲公司为乙水泥制品厂的债权人，乙水泥制品厂为个人独资企业，雷某为其投资人，根据《个人独资企业法》第2条规定，甲公司有权要求雷某清偿债务。

（2）无权。丙水泥制品有限公司为独立法人，与甲公司没有直接债权债务关系。即使丙水泥制品有限公司的股东雷某对甲公司负债，甲公司也只能要求雷某清偿债务，或强制执行雷某在丙水泥制品公司的股权，而不能直接要求丙水泥制品有限公司承担责任。

19. 闽发证券有限责任公司（下称"闽发证券"）于1992年3月10日在福建省工商行政

管理局登记成立。2004年10月，中国证监会委托中国东方资产管理公司对闽发证券托管经营。2005年7月，中国证监会委托中国东方资产管理公司对闽发证券进行行政清算，取消其证券业务许可并责令关闭。

闽发证券清算组于2008年7月5日以闽发证券资不抵债，不能清偿到期债务为由，向福州市中级人民法院（下称"福州中院"）申请宣告闽发证券破产还债，并申请将上海元盛投资管理有限公司（下称"上海元盛"）、上海全盛投资发展有限公司（下称"上海全盛"）、北京辰达科技投资有限公司（下称"北京辰达"）、深圳市天纪和源实业发展有限公司（下称"深圳天纪和源"）纳入闽发证券破产清算程序，合并清算。

经过清查审计，截至2008年7月18日，闽发证券已资不抵债，账面净资产为 -70亿元。另查，被申请人上海元盛、上海全盛、北京辰达、深圳天纪和源（下称"四家关联公司"）均是闽发证券为逃避监管，借用他人名义设立的重要关联公司，其注册资本来源于闽发证券，经营场所与闽发证券的分支机构相同。闽发证券违反法律和法规的规定，通过四家关联公司在账外进行委托理财、国债回购及投资、融资等活动。四家关联公司名下的资产主要为根据闽发证券的安排开展证券自营业务形成的股票，公司的基本负债系因与闽发证券资金往来而形成。四家关联公司与闽发证券在资产和管理上严重混同，公司治理结构不完善，是闽发证券从事违法违规经营活动的工具。四家关联公司自身已经资不抵债，不能清偿到期债务。

2008年7月18日，福州市中院裁定受理了四家关联公司合并破产还债案。2008年10月28日，福州中院宣告闽发证券破产，同时宣告四家关联公司与闽发证券合并破产。

请问：

（1）福州市中院能否指定闽发证券清算组为本案破产管理人？为什么？

（2）该案如何产生债权人委员会？

（3）该案是否符合合并破产条件？为什么？

【**案例解析与考点延伸**】

本题前面两问比较简单，均有直接的法律依据，我们直接给出答案，不再详细分析。

第三问有些复杂。首先是法人人格否认的确定。法人具有独立的人格，可以自己名义独立进行民事活动，并以自己独立财产独立承担民事责任。法人独立的关键在于财产独立，即可以自己独立支配的财产承担民事责任。在形式上具有法人资格的公司与公司之间，在财产、业务、人员方面出现混同，导致公司法人丧失独立承担民事责任资格的，属于公司法人人格混同。其次是合并破产清算的确定。在破产清算过程中，关联公司之间如果出现人格混同，将丧失进行分别破产清算的法律基础。如果关联公司均具备破产原因，可将它们作为一个企业整体合并清算，以平等保护债权人的利益，提高破产案件审理效率，节约司法成本。本案中，根据案情介绍，四家关联公司与闽发证券发生人格混同，且均具备破产原因，所以可以进行合并破产清算。

【**参考答案**】

（1）可以。《企业破产法》第24条规定："管理人可以由有关部门、机构的人员组成的清算组或者依法设立的律师事务所、会计师事务所、破产清算事务所等社会中介机构担任。"本题中，闽发证券清算组是由中国证监会委托中国东方资产管理公司组成的，正在对闽发证券进行行政清算的清算组，福州市中院可以指定其为本案破产管理人。

（2）根据《企业破产法》第67条规定，债权人委员会的产生需要两个步骤。①召开债权人会议选举债权人委员会成员。债权人委员会由债权人会议选任的债权人代表和一名债务人的职工代表或者工会代表组成。债权人委员会成员不得超过九人。②债权人委员会成员应当经人民法院书面决定认可。

（3）符合。四家关联公司虽然为形式上的独立法人，但与闽发证券发生人格混同，不具备分别进行破产清算的法律基础。在四家关联公司与闽发证券均具备破产原因的情况下，应对其进行合并破产清算。

20. 2016年5月21日，案外人焦某因经营需要，从张某玲处借款1000万元，按月结息至还本为止，月利息1%，双方签订了借款合同，未约定借款期限，张某玲提供了借款。德信鑫源公司、案外人正长公司作为担保人在两份借款合同上盖章，约定担保方式为一般保证。焦某偿还借款利息至2016年10月16日，后未再偿还任何本息。2017年9月4日，法院裁定受理德信鑫源公司破产重整一案。张某玲向德信鑫源公司破产管理人申报债权，破产管理人未予确认，未计入债权表。2018年2月12日，张某玲起诉。

请问：

（1）张某玲提起的诉讼，属于何种性质的诉讼？被告为谁？

（2）张某玲的债权申报是否符合条件？为什么？

（3）张某玲申报债权时，利息应如何处理？

（4）张某玲申报债权时，德信鑫源公司破产管理人主张先诉抗辩权，法院应如何处理？

【案例解析与考点延伸】

《企业破产法》第57条规定："管理人收到债权申报材料后，应当登记造册，对申报的债权进行审查，并编制债权表。债权表和债权申报材料由管理人保存，供利害关系人查阅。"第58条规定："依照本法第五十七条规定编制的债权表，应当提交第一次债权人会议核查。债务人、债权人对债权表记载的债权无异议的，由人民法院裁定确认。债务人、债权人对债权表记载的债权有异议的，可以向受理破产申请的人民法院提起诉讼。"张某玲申报债权未获确认，提起的是确认债权之诉，应以债务人即德信鑫源公司为被告。

关于保证人破产情况下的债权申报及其处理，最高人民法院关于适用《中华人民共和国企业破产法》若干问题的规定（三）（以下简称《企业破产法解释（三）》）第4条规定："保证人被裁定进入破产程序的，债权人有权申报其对保证人的保证债权。主债务未到期的，保证债权在保证人破产申请受理时视为到期。一般保证的保证人主张行使先诉抗辩权的，人民法院不予支持，但债权人在一般保证人破产程序中的分配额应予提存，待一般保证人应承担的保证责任确定后再按照破产清偿比例予以分配。保证人被确定应当承担保证责任的，保证人的管理人可以就保证人实际承担的清偿额向主债务人或其他债务人行使求偿权。"本案中，德信鑫源公司是张某玲与案外人焦某债权债务的保证人，因德信鑫源公司现进入破产程序，张某玲根据上述规定，有权以保证债权申报债权。保证人德信鑫源公司主张先诉抗辩权，法院不予支持。《企业破产法》第46条规定："附利息的债权自破产申请受理时起停止计息。"德信鑫源公司于2017年9月4日被裁定受理破产重整。因此，利息计算至2017年9月3日。法院最终判决如下：确认张某玲在德信鑫源公司的债权为本金1000万元及利息（利息自2016年10月17日起至2017年9月3日止，按月利率1%计算）。

【参考答案】

（1）张某玲提起的是确认债权之诉，应以德信鑫源公司为被告。

（2）符合条件。根据《企业破产法解释（三）》第4条规定，保证人被裁定进入破产程序的，债权人有权申报其对保证人的保证债权。

（3）利息自2016年10月17日起至2017年9月3日止，按约定利率计算。

（4）根据《企业破产法解释（三）》第4条规定，法院不予支持，但张某玲在德信鑫源公司破产程序中的分配额应予提存，待德信鑫源公司应承担的保证责任确定后再按照破产清偿比例予以分配。

21. 立首公司注册成立于 2014 年 4 月 23 日，注册资本 300 万元，发起人股东为甲及李某，持股比例分别为 90% 及 10%，章程中载明的出资时间为 2024 年 6 月 1 日。李某已经实缴 30 万元，甲未缴资。2014 年 9 月 28 日，立首公司因交通事故被法院判决赔偿 450 万元，但立首公司无力履行判决。2015 年 8 月，甲将其持有的立首公司 90% 股份以 0 元的价格转让于乙，并办理了变更登记手续。2017 年，乙分数次向立首公司出借共计 100 万元，立首公司用这些资金支付车辆交通事故赔偿款。2018 年 2 月 5 日，经债权人杨某申请，一审法院裁定受理立首公司破产清算案。破产管理人代表立首公司起诉，请求判令乙向立首公司履行义务，缴纳出资款 270 万元；甲对乙的出资义务承担连带责任。

请问：

（1）甲主张其已经不再是立首公司股东，不必向立首公司缴纳出资款，该主张是否成立？为什么？

（2）乙主张以其对立首公司的 100 万元债权抵销其部分出资义务，该主张是否成立？为什么？

【案例解析与考点延伸】

《公司法解释（三）》第 18 条规定："有限责任公司的股东未履行或者未全面履行出资义务即转让股权，受让人对此知道或者应当知道，公司请求该股东履行出资义务、受让人对此承担连带责任的，人民法院应予支持；公司债权人依照本规定第十三条第二款向该股东提起诉讼，同时请求前述受让人对此承担连带责任的，人民法院应予支持。受让人根据前款规定承担责任后，向该未履行或者未全面履行出资义务的股东追偿的，人民法院应予支持。但是，当事人另有约定的除外。"该条所称"股东未履行或者未全面履行出资义务即转让股权"通常指股东出资义务到期之后、股权存在瑕疵时转让股权，若股东出资义务尚未到期就转让股权，是否适用该条规定有不同观点。但是，若转让方有借股权转让逃避债务的恶意，则转让方不能免责。本题中，虽然立首公司章程规定甲的出资期限为 2024 年 6 月 1 日，但在立首公司于 2014 年 9 月 28 日因交通事故而负有巨额债务且无力清偿的情况下，甲于 2015 年 8 月将其持有股权以 0 元价格转让给乙，可以认定甲股权转让行为具有恶意，不具备免责的条件，故立首公司的破产管理人有权要求甲对该出资义务负连带责任。

《企业破产法》第 35 条规定："人民法院受理破产申请后，债务人的出资人尚未完全履行出资义务的，管理人应当要求该出资人缴纳所认缴的出资，而不受出资期限的限制。"因此，乙对立首公司的出资义务应当适用加速到期规则，不得以未届出资期限为由抗辩。《企业破产法解释（二）》第 46 条规定："债务人的股东主张以下列债务与债务人对其负有的债务抵销，债务人管理人提出异议的，人民法院应予支持：（一）债务人股东因欠缴债务人的出资或者抽逃出资对债务人所负的债务；（二）债务人股东滥用股东权利或者关联关系损害公司利益对债务人所负的债务。"据此，乙的出资义务，不受出资期限的限制，其亦无权以其对公司的债权与出资义务行使抵销权。

法院最终判决乙仍需缴纳出资 270 万元，甲对此承担连带责任。

【参考答案】

（1）不成立。虽然在甲向乙转让股权时，甲的出资义务尚未到期，但是当时立首公司已经负有巨额债务且无力清偿，甲又系无偿转让股权，明显存在逃避债务的恶意，不具备免责条件。

（2）不成立。虽然乙对立首公司享有100万元债权，但是乙对立首公司负债系因股东欠缴出资形成，且该出资义务因立首公司进入破产程序而适用加速到期规则，根据《企业破产法解释（二）》第46条规定，该抵销主张不成立。

22. 2018年5月28日，一审法院受理东莞金卧牛公司破产重整申请并指定了破产管理人。2018年8月14日，亿商通公司出借100万元给东莞金卧牛公司，双方约定东莞金卧牛公司只能把上述借款用于破产重整期间继续营业而应支付的劳动报酬、水电费用、安保费用和社会保险费用以及由此产生的其他费用，不得挪作他用。在东莞金卧牛公司重整期间，东莞金卧牛公司进入正常生产六个月后，一次性清偿。2019年10月16日，一审法院裁定宣告东莞金卧牛公司破产。2020年4月12日，亿商通公司向东莞金卧牛公司及其破产管理人提交债权申报表，申报案涉1 000 000元债权，破产管理人回复不予确认。亿商通公司起诉至法院，请求：判令东莞金卧牛公司偿还亿商通公司借款1 000 000元及利息。

请问：

（1）破产管理人代表东莞金卧牛公司向亿商通公司借款，应履行何种程序？能否为该借款提供担保？

（2）东莞金卧牛公司欠亿商通公司100万元借款，属于何种性质的债务？为什么？

【案例解析与考点延伸】

本题涉及的法条较多，现罗列如下：

《企业破产法》第75条第2款规定："在重整期间，债务人或者管理人为继续营业而借款的，可以为该借款设定担保。"

《企业破产法解释（三）》第2条规定："破产申请受理后，经债权人会议决议通过，或者第一次债权人会议召开前经人民法院许可，管理人或者自行管理的债务人可以为债务人继续营业而借款。提供借款的债权人主张参照企业破产法第四十二条第四项的规定优先于普通破产债权清偿的，人民法院应予支持，但其主张优先于此前已就债务人特定财产享有担保的债权清偿的，人民法院不予支持。管理人或者自行管理的债务人可以为前述借款设定抵押担保，抵押物在破产申请受理前已为其他债权人设定抵押的，债权人主张按照民法典第四百一十四条规定的顺序清偿，人民法院应予支持。"

《企业破产法》第42条规定："人民法院受理破产申请后发生的下列债务，为共益债务：（一）因管理人或者债务人请求对方当事人履行双方均未履行完毕的合同所产生的债务；（二）债务人财产受无因管理所产生的债务；（三）因债务人不当得利所产生的债务；（四）为债务人继续营业而应支付的劳动报酬和社会保险费用以及由此产生的其他债务；（五）管理人或者相关人员执行职务致人损害所产生的债务；（六）债务人财产致人损害所产生的债务。"

法院生效判决认为，本案中，东莞金卧牛公司向亿商通公司借款100万元发生于该公司破产重整期间，用于"东莞金卧牛公司破产重整期间继续营业而应支付的劳动报酬、水电费用、安保费用和社会保险费用以及由此产生的其他费用"之目的，系为维护全体权利人和破产财产利益而发生，属于《企业破产法》第42条第1款第（四）项规定的"为债务人继续营业而应支付的劳动报酬和社会保险费用以及由此产生的其他债务"情形，依法应当认定为东莞金卧牛公司的共益债务。《企业破产法》第46条第2款规定："附利息的债权自破产申请受理时起停止计息"，因此，亿商通公司向破产企业东莞金卧牛公司主张借款利息，缺乏法律依据，不予支持。《企业破产法》第43条规定："破产费用和共益债务由债务人财产随时清偿。债务人财产不足以清偿所有破产费用和共益债务的，先行清偿破产费用。债务人财产不足以清偿所有破产费用或者共益债务的，按照比例清偿……"，东莞金卧牛公司应依法向亿商通公司返还涉案借款 100 万元。判决确认金卧牛公司尚欠亿商通公司借款 100 万元；该债务为金卧牛公司破产共益债务。

【参考答案】

（1）应当经债权人会议通过，若尚未召开第一次债权人会议则应经人民法院许可。破产管理人可以为该借款设定担保。

（2）属于共益债务。该借款系为债务人东莞金卧牛公司继续营业而发生，结合《企业破产法》第 42 条第（四）项和《企业破产法解释（三）》第 2 条规定，应认定为共益债务，优先清偿。

23. 案涉汇票的背书顺序是：金百盛公司—欣康祺公司—新华公司—华东公司—金陵制药厂，均为真实签章。攀枝花市商业银行对该汇票予以承兑，到期日为 2012 年 4 月 25 日。

2011 年 10 月 26 日，新华公司向华东公司背书案涉汇票，以支付价款。后华东公司向金陵制药厂背书票据以支付价款，但是背书日期未在票据上记载。

2011 年 12 月 5 日，金百盛公司谎称案涉承兑汇票丢失，向攀枝花市东区法院对案涉承兑汇票申请公示催告，2012 年 3 月 12 日，攀枝花市东区法院作出除权判决宣告上述承兑汇票无效。2012 年 4 月 20 日，金百盛公司依据除权判决行使了票据权利。金陵制药厂于案涉汇票到期日委托新港支行收款，攀枝花市商业银行拒绝付款并退票。

请问：

（1）华东公司向金陵制药厂背书票据，但是未记载背书日期，该背书是否有效？

（2）假定华东公司向金陵制药厂背书票据的时间是 2011 年 11 月 15 日，金陵制药厂有哪些救济途径？

（3）假定华东公司向金陵制药厂背书票据的时间是 2011 年 12 月 15 日，金陵制药厂有哪些救济途径？

【案例解析与考点延伸】

票据背书未记载日期，时有发生。对此，《票据法》第 29 条规定："背书未记载日期的，视为在汇票到期日前背书。"该条解决了背书的有效性，但是仍然无法确定背书日期，也就无法确定被背书人取得票据的具体日期。

公示催告程序可能影响票据背书的效力。《民事诉讼法》第 227 条第 2 款规定："公示催告期间，转让票据权利的行为无效。"如果票据上记载了背书日期，则容易判断背书是否有效。如果票据上未记载背书日期，则需要假定不同的情况来分析。（1）假设背书行为发生在公示催告之前，则背书有效，持票人可以取得票据权利。将来票据被除权判决，持票人可以考虑票据法上的救济途径，也可以考虑民法上的救济途径。在除权判决作出后，付款人尚未付款的情况下，最后合法持票人可以根据《民事诉讼法》第 230 条的规定，在法定期限内请求撤销除权判决，待票据恢复效力后再依法行使票据权利。最后合法持票人也可以基于基础法律关系向其直接前手退票并请求其直接前手另行给付基础法律关系项下的对价。除权判决作出后，付款人已经付款的，因恶意申请公示催告并持除权判决获得票款的行为损害了最后合法持票人的权利，最后合法持票人有权请求申请人承担侵权损害赔偿责任。（2）假设背书行为发生在公示催告期间，则背书无效，持票人无法取得票据权利，将来只能基于民法上的基础法律关系寻求救济，向其直接前手退票并请求其直接前手另行给付基础法律关系项下的对价。

【参考答案】

（1）《票据法》第 29 条规定，背书未记载日期的，视为在汇票到期日前背书。因此，该背书是有效的。

（2）首先，该背书行为发生在公示催告之前，金陵制药厂能够取得票据权利，是合法持票人。但是因案涉汇票被作出除权判决，且金百盛公司已经基于除权判决行使票据权利，金陵制药厂无法行使付款请求权或追索权等票据权利，其可以选择的救济途径有二：一是基于基础法律关系向其直接前手华东公司退票并主张另行支付价款，二是请求恶意申请公示催告的金百盛公司主张侵权责任。

（3）该背书行为发生在公示催告期间，根据《民事诉讼法》第227条第2款规定，应认定为无效，金陵制药厂不能取得票据权利，不是合法持票人。金陵制药厂的唯一救济途径，是基于基础法律关系向华东公司退票并主张另行支付价款。

24. A市某区SK海力士半导体公司为其所有的动产和不动产投保财产险，由本市甲保险公司承保。为分散风险，甲保险公司还向乙再保险公司投保了再保险。

B市某区成道公司与SK海力士半导体公司签订《建设工程承包合同书》，负责SK海力士半导体公司在A市某区设备管道连接施工，合同金额为150万元。因在施工中火灾事故，造成SK海力士半导体公司巨大财产损失，经公估机构确认为8000万元。因双方具有同等程度过错，成道公司与SK海力士半导体公司应当各承担50%的损失。甲保险公司向SK海力士半导体公司实际支付了8000万元赔偿金后，基于再保险合同从乙再保险公司获得了3000万元赔偿。现甲保险公司提起代位求偿诉讼，请求成道公司赔偿4000万元。成道公司辩称，甲保险公司从乙保险公司获得的3000万元再保险赔款，应当扣除，故己方最多承担1000万元赔偿责任。

请问：

（1）本案应由何地人民法院管辖？为什么？

（2）成道公司的抗辩理由是否成立？为什么？

【案例解析与考点延伸】

关于代位求偿之诉的管辖问题，最高人民法院关于适用《中华人民共和国保险法》若干问题的解释（四）（以下简称《保险法解释（四）》）第12条规定："保险人以造成保险事故的第三者为被告提起代位求偿权之诉的，以被保险人与第三者之间的法律关系确定管辖法院。"本案中，成道公司与SK海力士半导体公司之间存在《建设工程承包合同书》，成道公司在施工中因过错造成SK海力士半导体公司损失，构成侵权责任与违约责任竞合，SK海力士半导体公司有权择一主张。但是，考虑到合同总金额仅为150万元，受可预见性规则限制，SK海力士半导体公司主张侵权责任更为可取。《民事诉讼法》第29条规定："因侵权行为提起的诉讼，由侵权行为地或者被告住所地人民法院管辖。"由此可以确定管辖法院。

关于再保险赔偿与代位求偿之间的关系，分析如下：（1）保险人在承保后，尤其在涉及巨额保险时，为分散风险往往通过分保的形式，将所承保的部分风险和责任向其他保险人再进行投保。由此，在保险合同法律关系之外，保险人与再保险人之间又形成再保险合同法律关系。《保险法》第29条规定："再保险接受人不得向原保险的投保人要求支付保险费。原保险的被保险人或者受益人不得向再保险接受人提出赔偿或者给付保险金的请求。再保险分出人不得以再保险接受人未履行再保险责任为由，拒绝履行或者迟延履行其原保险责任。"由此，再保险合同与原保险合同之间虽有关联，但在法律关系上是相互独立的。根据合同相对性原则，保险人投保再保险的，保险人对第三人的代位求偿权不因此受到影响，保险人可以就全部赔偿金额向第三人行使保险人代位求偿权。（2）2012年7月1日原中国保险监督管理委员会发布实施的《财产保险公司再保险管理规范》第三章第一节第六条关于赔案管理中规定："对存在追偿可能性的保险事故，分出公司应积极向责任方进行追偿，及时把追偿情况告知再保险接受人。追偿成功后，分出公司应把属于再保险接受人的追偿款及时返还再保险接受人。"2018年1月中国保险行业协会发布的《财产再保险合约分保业务操作指引》第6、7条亦规定，对存在追偿可能性的保险事故，再保险分出人应积极向责任方进行追偿，并及时将追偿情况告知再保险接受人；追偿成功后，再保险分出人应将属于再保险接受人的追偿款按照合约约定及时返还再保险接受人。由此，在法律、行政法规、司法解释对再保险人是否可直接向第三人（保险事故责任人）行使代位追偿权的情形没有明确规定的情况下，保险业主管部门及行业协会的规范性意见及惯常作法应予尊重。（3）就本案而言，基于保险合同与再保险合同的相对独立性，甲保险公司在向成道公司行使保险人代位求偿权时，并不需要扣除已经获取的再保险赔偿，可以就全部赔偿金额向第三人主张追偿权，并在追偿成功后再根据再保险合同的约定及相关规定或者惯常做法将追偿款返还再保险人，至于如何返还非本案审理范围。故本案中成道公司关于甲保险公司就保险代位追偿金额应扣除已获再保险赔偿的主张，不能成立。

【参考答案】

（1）由A市某区人民法院或B市某区人民法院管辖。首先，本案属于代位求偿之诉，根据《保险法解释（四）》第12条规定，应以被保险人SK海力士半导体公司与第三者成道公司之间的法律关系确定管辖法院。其次，SK海力士半导体公司与成道公司之间为侵权关系，根据《民事诉讼法》第29条规定，由侵权行为地A市某区或者被告成道公司住所地B市某区人民法院管辖。

（2）不成立。再保险合同与原保险合同之间虽有关联，但在法律关系上是相互独立的。根据合同相对性原则，保险人投保再保险的，保险人对第三人的代位求偿权不因此受到影响，保险人可以就全部赔偿金额向第三人行使保险人代位求偿权。

25. 2015年7月28日下午，张某通过打车软件接到网约车订单一份，订单内容为将乘客从南瑞集团送至恒大绿洲小区。张某驾驶苏A×号轿车至南瑞集团，接到网约车乘客。17时5分许，张某驾驶苏A×号轿车搭载网约车乘客，沿前庄路由西向东行驶至清水亭东路丁字路口往南右转弯过程中，遇原告程颖驾驶电动自行车沿清水亭东路由北向南通过该路口，两车碰撞，致程颖受伤、车辆损坏。张某负事故全部责任。另查明，苏A×号轿车所有人为张某，行驶证上的使用性质为"非营运"，该车在被告人保南京分公司投保，保单上的使用性质为"家庭自用汽车"，张某注册网约车账号并从事网约车业务，未通知人保南京分公司。程颖起诉张某和人保南京分公司，要求赔偿损失。

请问：

（1）人保南京分公司主张不承担赔偿保险金的责任，是否成立？为什么？

（2）如果张某及时通知人保南京分公司其注册网约车账号并从事网约车业务，人保南京分公司有权提出何种主张？

【案例解析与考点延伸】

《保险法》第52条规定："在合同有效期内，保险标的的危险程度显著增加的，被保险人应当按照合同约定及时通知保险人，保险人可以按照合同约定增加保险费或者解除合同。保险人解除合同的，应当将已收取的保险费，按照合同约定扣除自保险责任开始之日起至合同解除之日止应收的部分后，退还投保人。被保险人未履行前款规定的通知义务的，因保险标的的危险程度显著增加而发生的保险事故，保险人不承担赔偿保险金的责任。"在当前车辆保险领域中，保险公司根据被保险车辆的用途，将其分为家庭自用和营运车辆两种，并设置了不同的保险费率，营运车辆的保费接近家庭自用的两倍。以家庭自用名义投保的车辆，从事营运活动，车辆的风险显著增加，投保人应当及时通知保险公司，保险公司可以增加保费或者解除合同并返还剩余保费，投保人未通知保险公司而要求保险公司赔偿营运造成的事故损失，显失公平。本案中，张某通过打车软件接下网约车订单，符合营运的特征，本次交通事故的发生，与张某的载客行为有因果关系。张某未履行通知义务，且其营运行为导致了本次交通事故的发生，人保南京分公司在商业三者险内不负赔偿责任。当然，如果张某履行了通知义务，则保险人有权要求按照营运车辆的标准增加保险费或者解除保险合同。

【参考答案】

（1）成立。张某将家庭自用汽车改为营运用车，危险程度显著增加，却未通知保险人人保南京分公司，根据《保险法》第52条，保险人人保南京分公司有权拒绝赔偿保险金。

（2）根据《保险法》第52条，人保南京分公司有权要求按照营运车辆的标准增加保费或者解除合同。

26. 2020年10月10日，张甲与华亮信托公司签订《个人信托合同》，以100万元现金作为信托财产，以华亮信托公司为受托人、张甲的儿子张乙（时年8岁）为受益人，设立信托。《个人信托合同》约定，华亮信托公司以信托财产购买商业银行发行的理财产品，以其收益支付张乙的生活费和教育费，待张乙年满18周岁时，将剩余信托财产一次性支付给张乙，信托合同即告终止。2020年10月15日，张甲将100万元汇至华亮信托为其专门开设的0175账户内。2021年，华亮信托公司从0175账户中支出50万元，通过证券交易所的交易购买某上市公司股票，但因市场行情不佳，亏损了月20万元。2022年初，张甲发现后非常生气。

甲公司与华亮信托公司签订《信托合同》，以甲公司持有的乙公司50%股权作为信托财产，以甲公司为委托人、华亮信托公司为受托人、甲公司以及其他若干主体为受益人，设立信托。为设立信托，甲公司将其持有的乙公司50%股权变更登记至华亮信托公司名下，但当时该股权对应的出资义务尚未履行且已到期，华亮信托公司还专门为此与甲公司讨论过。现乙公司不能清偿到期债务，其债权人起诉，请求甲公司在未出资本息范围内承担补充赔偿责任，华亮信托公司承担连带责任。

请问：

（1）张甲的信托何时成立？何时生效？

（2）张甲能否主张撤销华亮信托公司购买股票的行为？为什么？

（3）张甲能否解任华亮信托公司？为什么？

（4）对于乙公司债权人的诉讼请求，法院应如何判决？为什么？

【案例解析与考点延伸】

关于信托的成立和生效。《信托法》第8条第3款规定："采取信托合同形式设立信托的，信托合同签订时，信托成立。采取其他书面形式设立信托的，受托人承诺信托时，信托成立。"信托财产转移给受托人时，信托生效。《信托法》第10条规定"设立信托对于信托财产，有关法律、行政法规规定应当办理登记手续的，应当依法办理信托登记。未依照前款规定办理信托登记的，应当补办登记手续；不补办的，该信托不产生效力。"

关于委托人受托人行为的撤销权。《信托法》第22条规定："受托人违反信托目的处分信托财产或者因违背管理职责、处理信托事务不当致使信托财产受到损失的，委托人有权申请人民法院撤销该处分行为，并有权要求受托人恢复信托财产的原状或者予以赔偿；该信托财产的受让人明知是违反信托目的而接受该财产的，应当予以返还或者予以赔偿。前款规定的申请权，自委托人知道或者应当知道撤销原因之日起一年内不行使的，归于消灭。"但须注意，委托人的撤销权还受其他法律的限制。例如，《证券法》第117条规定："按照依法制定的交易规则进行的交易，不得改变其交易结果，但本法第一百一十一条第二款规定的除外。对交易中违规交易者应负的民事责任不得免除；在违规交易中所获利益，依照有关规定处理。"因此，如果受托人实施了股票交易，即使违反信托法的规定，委托人也不得撤销。

关于委托人解任受托人的权利。《信托法》第 23 条规定："受托人违反信托目的处分信托财产或者管理运用、处分信托财产有重大过失的，委托人有权依照信托文件的规定解任受托人，或者申请人民法院解任受托人。"但须注意，信托并不因为受托人被解任而终止，而是应重新选任受托人，具体规则在《信托法》第 40 条有明确规定："受托人职责终止的，依照信托文件规定选任新受托人；信托文件未规定的，由委托人选任；委托人不指定或者无能力指定的，由受益人选任；受益人为无民事行为能力人或者限制民事行为能力人的，依法由其监护人代行选任。原受托人处理信托事务的权利和义务，由新受托人承继。"

以股权设立信托，因信托财产登记制度缺失以及理论上的争议，造成了一系列复杂问题。虽然信托法对信托财产的登记及其法律效力作出了规定，但配套的信托财产登记制度并未建立。实践中为了实现信托财产的控制与隔离，有的采用权属过户的方式，有的采用对目标财产抵押或质押的方式。上述两种方式能够部分实现信托财产的控制与隔离效果，但又各有不足。反映在本案中，案涉股权过户固然能够实现受托人控制股权的目的，但是由于过户登记在外观上并不具备信托财产的标识，隔离效果无法得到保障。且由于此类因信托目的引起的股权变动兼具股权交易与股权信托的双重特征，还引发了应当适用信托法还是公司法的争议。信托法与公司法在该问题上如何协调，不仅关系到个案中当事人权利的平衡与保护，也关系到信托行业的健康发展，是一个难以取舍的现实难题。法院往往结合案件具体情况判决。例如，在最高人民法院（2016）最高法民终 475 号民事判决书中，基于该债权来源的特殊性，法院支持了原告的诉讼请求。但在北京市第三中级人民法院（2021）京 03 民终 7115 号民事判决书中，基于信托合同解除、有生效判决要求甲公司受领某信托公司返还的该 50% 股权但未办理变更登记的事实，法院判决某信托公司作为受托人不承担股东补充赔偿责任。

【参考答案】

（1）张甲的信托于信托合同签订时即 2020 年 10 月 10 日成立，以信托财产转移给受托人时即 2020 年 10 月 15 日生效。

（2）不能。受托人华亮信托公司处理信托事务不当致使信托财产受到损失，通常情况下委托人张甲可根据《信托法》第 22 条撤销受托人的财产处分行为。但是，本案的特殊之处在于，受托人实施的是在证券交易所购买股票的行为，根据《证券法》第 117 条规定，此类行为不改变其交易结果，即不得撤销。所以，张甲不能撤销华亮信托公司购买股票的行为，但有权要求华亮信托公司赔偿损失。

（3）能。受托人华亮信托公司管理运用、处分信托财产有重大过失，委托人张甲有权依照信托文件的规定解任受托人，或者申请人民法院解任受托人。

（4）答案一：应判决甲公司在未出资本息范围内承担补充赔偿责任，驳回对华亮信托公司的诉讼请求。甲公司作为乙公司股东，违反出资义务，根据《公司法解释（三）》第 13 条第 2 款，乙公司债权人有权请求公司在未出资本息范围内承担补充赔偿责任。华亮信托公司虽登记为乙公司股东，但它只是股权信托关系中的受托人，而非真正的股东，故其不应承担股东责任。

答案二：应判决甲公司在未出资本息范围内承担补充赔偿责任，华亮信托公司承担连带责任。尽管甲公司与华亮信托公司之间为信托合同关系，但在涉及债权人的外部关系问题上，应依外观主义原理处理，将甲公司视为瑕疵股权的转让方，华亮信托公司视为瑕疵股权的知情受让方。根据《公司法解释（三）》第 18 条，应作如上判决。

27. 2017年元月，甲公司以金银大厦作价510万元、乙公司以注册商标"阿里妈妈"的商标权作价160万元、张某以现金330万元设立丙有限公司。甲公司委派刘某任丙公司执行董事，张某任丙公司经理、法定代表人，乙公司委派黄某任丙公司监事。

当年8月，乙公司因与其他股东不和，欲退出丙公司。刘某、张某和黄某协商后，虚构了一份借款合同，并以偿还借款的名义，将160万元退给乙公司，但"阿里妈妈"的商标权仍归丙公司。丙公司将乙公司从股东名册上注销，但未办理变更登记。

当年9月，张某朋友开设的丁公司向银行申请贷款，银行要求提供担保。张某代表丙公司与银行签订了保证合同，未约定保证方式。应张某请求，甲公司在该保证合同上盖章，但是丙公司未就该保证事项召开过股东会或董事会，银行也未要求查看股东会决议或者董事会决议。乙公司不知道该保证合同。

当年10月，张某将其在丙公司的全部股权质押给某典当行，获得一笔资金用于炒股。

2018年3月，因丁公司无力清偿银行到期贷款，银行要求丙公司清偿。刘某主张银行应当先强制执行丁公司的财产，然后才能由丙公司负责。

因产品销售状况不佳，丙公司无力清偿对债权人百川公司的200万元到期债务，百川公司要求甲公司、乙公司和张某负责。

为解决困境，丙公司开始寻求合作。2018年5月，经过反复协商，海纳股份公司以承担丙公司全部债务为代价，取得丙公司的全部资产，将丙公司注销，同时甲公司和张某分别取得海纳股份公司6%和4%的股份。

请问：

（1）乙公司退出丙公司的做法是否合法？为什么？

（2）张某代表丙公司与银行签订的保证合同是否对丙公司发生效力？为什么？

（3）典当行如想实现股权质权，需要证明哪些事实？

（4）依当时生效的法律，银行要求丙公司清偿债务时，刘某的主张是否正确？为什么？《民法典》在这个问题上是如何规定的？

（5）百川公司能否要求甲公司、乙公司和张某负责？为什么？

（6）丙公司与海纳股份公司的合作属于何种性质的行为？海纳股份公司应当如何作出决议？

【案例解析与考点延伸】

（1）抽逃出资及其法律后果

本题首先涉及抽逃出资行为的认定。《公司法》第35条规定："公司成立后，股东不得抽逃出资。"《公司法解释（三）》第12条规定："公司成立后，公司、股东或者公司债权人以相关股东的行为符合下列情形之一且损害公司权益为由，请求认定该股东抽逃出资的，人民法院应予支持：（一）制作虚假财务会计报表虚增利润进行分配；（二）通过虚构债权债务关系将其出资转出；（三）利用关联交易将出资转出；（四）其他未经法定程序将出资抽回的行为。"根据该规定，未经法定程序将出资全部或者部分抽回，均属于抽逃出资。实践中，既有"简单粗暴"的转款手段，也有虚增利润分配、虚构债权债务、利用关联交易等"狡猾隐蔽"的抽逃手段。本案乙公司以商标权出资，但是公司保留了商标权，而是虚构了一份借款合同，并以偿还借款的名义，将商标权的价值160万元退给乙公司，当然属于抽逃出资。

本题还涉及抽逃出资的法律后果。《公司法解释（三）》第14条规定："股东抽逃出资，公司或者其他股东请求其向公司返还出资本息、协助抽逃出资的其他股东、董事、高级管理人员或者实际控制人对此承担连带责任的，人民法院应予支持。公司债权人请求抽逃出资的股东在抽逃出资本息范围内对公司债务不能清偿的部分承担补充赔偿责任、协助抽逃出资的其他股东、董事、高级管理人员或者实际控制人对此承担连带责任的，人民法院应予支持；抽逃出资的股东已经承担上述责任，其他债权人提出相同请求的，人民法院不予支持。"需要注意的是，第一，不仅抽逃出资的股东需要承担，协助者也要承担责任。协助者可能是该条列举的其他股东、董事、高级管理人员或者实际控制人，也可能是该条未列举的外部人员。第二，不仅要向公司承担责任，还要向债权人承担责任。第三，抽逃出资的责任是一种有限责任，协助者的连带责任也是一种有限责任。

（2）股权质押

股权质押，合伙份额质押，在民法上都属于权利质押。一般情况下，质权成立要件为质押合同＋质押登记。唯须注意的是，此种质押是否需要经其他股东或者其他合伙人同意。在公司法上，以有限公司股权设定质押，不必经其他股东同意，但是将来行使质权时，如果导致股权转让，则须遵守有限公司股权转让的规则。在合伙企业法上，以合伙份额出质，要看是普通合伙份额还是有限合伙份额。《合伙企业法》第25条规定："合伙人以其在合伙企业中的财产份额出质的，须经其他合伙人一致同意；未经其他合伙人一致同意，其行为无效，由此给善意第三人造成损失的，由行为人依法承担赔偿责任。"这是针对普通合伙份额的，需要经全体合伙人一致同意。《合伙企业法》第72条规定："有限合伙人可以将其在有限合伙企业中的财产份额出质；但是，合伙协议另有约定的除外。"这是针对有限合伙份额的，在合伙协议没有特别约定的情况下，以有限合伙份额出质不必经其他合伙人同意，但是将来行使质权导致强制执行有限合伙份额，则其他合伙人享有优先购买权。

（3）公司对外担保

《公司法》第16条规定："公司向其他企业投资或者为他人提供担保，依照公司章程的规定，由董事会或者股东会、股东大会决议；公司章程对投资或者担保的总额及单项投资或者担保的数额有限额规定的，不得超过规定的限额。公司为公司股东或者实际控制人提供担保的，必须经股东会或者股东大会决议。前款规定的股东或者受前款规定的实际控制人支配的股东，不得参加前款规定事项的表决。该项表决由出席会议的其他股东所持表决权的过半数通过。"考生首先应当区分被担保人是否为公司股东或实际控制人，以确定需要履行何种内部决策程序。同时，还要能够理解和判断内部决策程序存在瑕疵时对外担保行为的效力。若债权人善意的，合同对公司发生效力；反之，合同对公司不发生效力。在考试中，多数题目会在案情中描述债权人是否为善意，考生只需要结合案情作出判断，得出结论。也有少数题目故意在此处留白，此时，考生应区分情况分析，以确保逻辑的周延。

此外，某些情形下，即使没有经过公司董事会或股东会决议，但是对外担保行为也可以视为公司的真实意思，不论相对人善意与否，担保合同都对公司发生效力。《有关担保制度的解释》第8条规定："有下列情形之一，公司以其未依照公司法关于公司对外担保的规定作出决议为由主张不承担担保责任的，人民法院不予支持：（一）金融机构开立保函或者担保公司提供担保；（二）公司为其全资子公司开展经营活动提供担保；（三）担保合同系由单独或者共同持有公司三分之二以上对担保事项有表决权的股东签字同意。上市公司对外提供担保，不适用前款第二项、第三项的规定。"

（4）公司合并、分立

在客观题中，如果考题涉及公司的合并、分立，通常难度都不会太大。但是，在主观题中，考生有时候未必能够用专业术语准确地表达。首先是概念问题。《公司法》第172条规定："公司合并可以采取吸收合并或者新设合并。一个公司吸收其他公司为吸收合并，被吸收的公司解散。两个以上公司合并设立一个新的公司为新设合并，合并各方解散。"吸收合并、新设合并，以及派生分立、新设分立，都要能够准确判断并且描述。其次是决策程序问题。对于有限公司，《公司法》第43条第2款规定："股东会会议作出修改公司章程、增加或者减少注册资本的决议，以及公司合并、分立、解散或者变更公司形式的决议，必须经代表三分之二以上表决权的股东通过。"对于股份公司，《公司法》第103条第2款规定："股东大会作出决议，必须经出席会议的股东所持表决权过半数通过。但是，股东大会作出修改公司章程、增加或者减少注册资本的决议，以及公司合并、分立、解散或者变更公司形式的决议，必须经出席会议的股东所持表决权的三分之二以上通过。"同学们需要能够准确地表达。最后是法律后果问题。《公司法》第174条规定："公司合并时，合并各方的债权、债务，应当由合并后存续的公司或者新设的公司承继。"《公司法》第176条规定："公司分立前的债务由分立后的公司承担连带责任。但是，公司在分立前与债权人就债务清偿达成的书面协议另有约定的除外。"

【参考答案】

（1）不合法。乙公司未经法定程序，将其全部出资转出，根据《公司法解释（三）》第12条规定，这种行为属于抽逃出资，是《公司法》第35条明确禁止的行为。

（2）对丙公司发生效力。本案中，张某代表丙公司与银行签订保证合同，应该认定张某同意该保证合同。甲公司在保证合同上盖章，应该认定其同意该保证合同。张某与甲公司合计持有丙公司表决达84%，远超2/3。根据《有关担保制度的解释》第8条规定，即便银行知道或者应当知道没有公司机关决议，也应当认定担保合同符合公司的真实意思表示，对丙公司发生效力。

（3）典当行需要证明：（1）证明其与张某签订了股权质押合同；（2）证明股权质押已经到登记部门办理了登记；（3）证明张某未能履行到期债务。

（4）不正确。根据原《担保法》第19条规定，丙公司与银行的保证合同未约定保证方式，视为连带保证，保证人不享有先诉抗辩权。但是，《民法典》改变了这一规定。《民法典》第686条第2款规定："当事人在保证合同中对保证方式没有约定或者约定不明确的，按照一般保证承担保证责任。"

（5）能。根据《公司法解释（三）》第14条规定，乙公司抽逃出资，应当在抽逃出资本息范围内对丙公司债务不能清偿的部分向债权人承担补充赔偿责任。甲公司和张某协助乙公司抽逃出资，与乙公司承担连带责任。

（6）属于吸收合并。根据《公司法》第103条规定，应由海纳公司股东大会决议，且须经出席会议的股东所持表决权的2/3以上通过。

28. 羊甲、羊乙、羊丙和羊丁以相同的比例共同出资设立羊村羊绒制衣有限责任公司（以下简称羊村公司），羊甲为董事长、法定代表人，羊乙为经理，羊丙为负责销售的副经理。羊丁因为生性洒脱而未担任公司职务。羊村公司未设监事会，也未设监事。

2016年9月，羊丙以休假为由离开公司，私自去狼堡羊绒制衣公司担任副经理。羊村公司知悉后，拟解除羊丙的副经理职务。

2017年4月，羊乙在羊村公司附近焚烧废物，致使羊村公司一批原材料被烧毁，损失数十万元。但羊甲与羊乙为亲兄弟关系，所以羊甲未采取任何措施。

2018年6月，羊村公司召开临时股东会，在羊丁反对的情况下，通过决议将公司的绵羊养殖基地出售。羊丁提出转让股权，但没有任何人愿意购买。

2018年9月，羊村公司对甲公司的一笔债权到期，但是甲公司无力偿还。羊村公司经调查发现，乙公司与甲公司存在实际控制人相同、经营相同业务、使用相同的销售手册和宣传材料、大量人员交叉任职、账户由同一人控制等情形。于是羊村公司主张乙公司连带清偿甲公司对自己的负债。

2019 年 6 月，羊村公司股东会决议解散公司。由于公司几乎没有剩余财产，股东会同时决议不进行清算。数日后羊村公司办理了注销登记。债权人丙公司来羊村公司讨债，发现人去楼空。

请问：

(1) 羊村公司解除羊丙的副经理职务，应当履行何种程序？

(2) 羊村公司还有权向羊丙提出何种主张？

(3) 就羊乙对羊村公司的侵权行为，羊丁可以采取何种措施？

(4) 针对羊村公司出售绵羊养殖基地的行为，羊丁可以采用何种方式退出公司？

(5) 羊村公司主张乙公司连带清偿甲公司对自己的负债能否成立，为什么？

(6) 丙公司可以如何实现自己的债权？

【案例解析与考点延伸】

(1) 有限公司公司董事会和监事会

有限责任公司设董事会，其成员为 3 人至 13 人；股东人数较少或者规模较小的有限责任公司，可以设一名执行董事，不设董事会。董事会设董事长一人，可以设副董事长。董事长、副董事长的产生办法由公司章程规定。

董事任期由公司章程规定，但每届任期不得超过 3 年。董事任期届满，连选可以连任。董事任期届满未及时改选，或者董事在任期内辞职导致董事会成员低于法定人数的，在改选出的董事就任前，原董事仍应当依照法律、行政法规和公司章程的规定，履行董事职务。董事会对股东会负责，行使经营决策权，有权决定聘任或者解聘公司经理及其报酬事项，并根据经理的提名决定聘任或者解聘公司副经理、财务负责人及其报酬事项。

董事会会议由董事长召集和主持；董事长不能履行职务或者不履行职务的，由副董事长召集和主持；副董事长不能履行职务或者不履行职务的，由半数以上董事共同推举一名董事召集和主持。董事会决议的表决，实行一人一票。

有限责任公司设监事会，其成员不得少于 3 人。股东人数较少或者规模较小的有限责任公司，可以设 1 至 2 名监事，不设监事会。监事会应当包括股东代表和适当比例的公司职工代表，其中职工代表的比例不得低于 1/3，具体比例由公司章程规定。监事会中的职工代表由公司职工通过职工代表大会、职工大会或者其他形式民主选举产生。监事的任期每届为 3 年。监事任期届满，连选可以连任。监事任期届满未及时改选，或者监事在任期内辞职导致监事会成员低于法定人数的，在改选出的监事就任前，原监事仍应当依照法律、行政法规和公司章程的规定，履行监事职务。监事会、不设监事会的公司的监事行使监督权，对违反法律、行政法规、公司章程或者股东会决议的董事、高级管理人员提出罢免的建议。监事会、不设监事会的公司的监事行使职权所必需的费用，由公司承担。

(2) 董监高的义务和责任

《公司法》第 148 条规定："董事、高级管理人员不得有下列行为：(一) 挪用公司资金；(二) 将公司资金以其个人名义或者以其他个人名义开立账户存储；(三) 违反公司章程的规定，未经股东会、股东大会或者董事会同意，将公司资金借贷给他人或者以公司财产为他人提供担保；(四) 违反公司章程的规定或者未经股东会、股东大会同意，与本公司订立合同或者进行交易；(五) 未经股东会或者股东大会同意，利用职务便利为自己或者他人谋取属于公司的商业机会，自营或者为他人经营与所任职公司同类的业务；(六) 接受他人与公司交易的佣金归为已有；（七）擅自披露公司秘密；（八）违反对公司忠实义务的其他行为。""董事、高级管理人员违反前款规定所得的收入应当归公司所有。"

关于董监高的责任，一是对公司的赔偿责任，《公司法》第149条规定："董事、监事、高级管理人员执行公司职务时违反法律、行政法规或者公司章程的规定，给公司造成损失的，应当承担赔偿责任。"二是对股东的赔偿责任，《公司法》第152条规定："董事、高级管理人员违反法律、行政法规或者公司章程的规定，损害股东利益的，股东可以向人民法院提起诉讼。"需要注意的是，如果公司受损，导致股东股权价值减少，股东不得以股权价值减少的损失请求赔偿，但是股东可以根据《公司法》第151条的规定提起股东代表诉讼，以维护公司的利益，间接维护自己的利益。

（3）股东代表诉讼

《公司法》第151条规定："董事、高级管理人员有本法第一百四十九条规定的情形的，有限责任公司的股东、股份有限公司连续一百八十日以上单独或者合计持有公司百分之一以上股份的股东，可以书面请求监事会或者不设监事会的有限责任公司的监事向人民法院提起诉讼；监事有本法第一百四十九条规定的情形的，前述股东可以书面请求董事会或者不设董事会的有限责任公司的执行董事向人民法院提起诉讼。监事会、不设监事会的有限责任公司的监事，或者董事会、执行董事收到前款规定的股东书面请求后拒绝提起诉讼，或者自收到请求之日起三十日内未提起诉讼，或者情况紧急、不立即提起诉讼将会使公司利益受到难以弥补的损害的，前款规定的股东有权为了公司的利益以自己的名义直接向人民法院提起诉讼。他人侵犯公司合法权益，给公司造成损失的，本条第一款规定的股东可以依照前两款的规定向人民法院提起诉讼。"

《公司法解释（四）》第24条规定："符合公司法第一百五十一条第一款规定条件的股东，依据公司法第一百五十一条第二款、第三款规定，直接对董事、监事、高级管理人员或者他人提起诉讼的，应当列公司为第三人参加诉讼。一审法庭辩论终结前，符合公司法第一百五十一条第一款规定条件的其他股东，以相同的诉讼请求申请参加诉讼的，应当列为共同原告。"第25条规定："股东依据公司法第一百五十一条第二款、第三款规定直接提起诉讼的案件，胜诉利益归属于公司。股东请求被告直接向其承担民事责任的，人民法院不予支持。"第26条规定："股东依据公司法第一百五十一条第二款、第三款规定直接提起诉讼的案件，其诉讼请求部分或者全部得到人民法院支持的，公司应当承担股东因参加诉讼支付的合理费用。"

考生应从诉因、当事人、前置程序和诉讼效果四个方面掌握。尤其需要注意的是，如果前置程序不可能或者不必要，符合条件的股东可以径直提起股东代表诉讼，法院不以其未经前置程序为由不予受理或驳回起诉。

（4）法人人格否认

公司获得独立人格，独立承担责任，股东承担有限责任，这正是现代公司法的基石。但是，公司法人人格制度也存在被滥用的可能性，在此情形下，法院可以对公司人格加以否定，直接追索股东责任。《公司法》第20条第3款规定："公司股东滥用公司法人独立地位和股东有限责任，逃避债务，严重损害公司债权人利益的，应当对公司债务承担连带责任。"

法人人格否认的适用条件，一是人格混同，二是过度控制，三是资本显著不足。除此之外，尚有所谓横向人格混同，即关联公司之间在人员、业务、资产方面交叉混同，难以区分，可以参照《公司法》第20条第3款的规定，让其承担连带责任。

（5）清算中的责任问题

一是清算组责任。《公司法解释（二）》第23条规定："清算组成员从事清算事务时，违反法律、行政法规或者公司章程给公司或者债权人造成损失，公司或者债权人主张其承担赔偿责任的，人民法院应依法予以支持。有限责任公司的股东、股份有限公司连续一百八十日以上单独或者合计持有公司百分之一以上股份的股东，依据公司法第一百五十一条第三款的规定，以清算组成员有前款所述行为为由向人民法院提起诉讼的，人民法院应予受理。公司已经清算完毕注销，上述股东参照公司法第一百五十一条第三款的规定，直接以清算组成员为被告、其他股东为第三人向人民法院提起诉讼的，人民法院应予受理。"清算组的此种责任，是以公司已经组成清算组开始清算为前提的，责任主体是清算组成员。

二是清算义务人责任。清算义务人，在有限公司中指的是股东，在股份公司中指的是董事和控股股东。《公司法解释（二）》第18条规定："有限责任公司的股东、股份有限公司的董事和控股股东未在法定期限内成立清算组开始清算，导致公司财产贬值、流失、毁损或者灭失，债权人主张其在造成损失范围内对公司债务承担赔偿责任的，人民法院应依法予以支持。有限责任公司的股东、股份有限公司的董事和控股股东因怠于履行义务，导致公司主要财产、账册、重要文件等灭失，无法进行清算，债权人主张其对公司债务承担连带清偿责任的，人民法院应依法予以支持。上述情形系实际控制人原因造成，债权人主张实际控制人对公司债务承担相应民事责任的，人民法院应依法予以支持。"《公司法解释（二）》第20条规定："公司解散应当在依法清算完毕后，申请办理注销登记。公司未经清算即办理注销登记，导致公司无法进行清算，债权人主张有限责任公司的股东、股份有限公司的董事和控股股东，以及公司的实际控制人对公司债务承担清偿责任的，人民法院应依法予以支持。公司未经依法清算即办理注销登记，股东或者第三人在公司登记机关办理注销登记时承诺对公司债务承担责任的，债权人主张其对公司债务承担相应民事责任的，人民法院应依法予以支持。"

【参考答案】

1. 根据《公司法》第46条的规定，解除公司副经理职务，应当由公司经理羊乙提名，董事会决定。

2. 羊丙违反竞业禁止义务，根据《公司法》第148条、第149条规定，羊村公司有权请求羊丙停止在狼堡公司的经营活动，将其在狼堡公司获得的收入返还给羊村公司并赔偿损失。

3. 羊丁可以羊村公司股东身份，以自己的名义向法院起诉羊乙，请求其赔偿羊村公司的损失。就前置程序而言，因羊村公司未设监事会或监事，羊丁不可能书面请求监事会或监事起诉羊乙；又因为董事长羊甲与羊乙为亲兄弟关系，羊丁书面请求董事会起诉羊乙也基本不可能，故羊丁可以不经前置程序，直接提起诉讼。

4. 羊村公司转让主要财产，股东羊丁对该决议投了反对票，根据《公司法》第74条规定，羊丁有权请求羊村公司以合理的价格收购自己的股权。

5. 成立。关联公司人员、业务、财产出现交叉，丧失独立人格的，构成横向混同。债权人可以参照《公司法》第20条关于法人人格否认的规定，主张其承担连带责任。

6. 请求羊村公司的股东承担清偿责任。《公司法解释（二）》第20条规定，公司解散应当在依法清算完毕后，申请办理注销登记。公司未经清算即办理注销登记，导致公司无法进行清算，债权人主张有限责任公司的股东、股份有限公司的董事和控股股东，以及公司的实际控制人对公司债务承担清偿责任的，人民法院应依法予以支持。据此，丙公司可以要求羊村公司的全体股东承担清偿责任。

29. 瓦伦西有限公司由方大、方二、方三、方四4位发起人设立，每人出资250万，注册资本1000万元。其中，方四因缺钱拟向朋友张某借款150万元。张某因此产生投资意愿，两人遂商定张某投入该150万元，股权登记在方四名下，相应的红利均由张某享有。公司于2015

年9月成立，但张某一直未能收到分红款，方四解释称公司经营不善。张某对该解释不予认可，要求查阅并复制瓦伦西公司会计账簿，被瓦伦西公司拒绝。张某于2017年3月诉至法院，请求确认其为瓦伦西公司股东，享有15%的股权，但是方大、方二均表示不同意，方三表示不反对，方四也表示同意。

2017年6月，瓦伦西公司计划增加注册资本600万元。执行董事方大向其他三名股东征求意见，方二、方三同意，方四反对。于是，方大起草《增资决议》一份，内容为：经代表75%表决权的股东同意，决定将公司注册资本增加为1600万元，新增注册资本由方大、方二、方三各认缴200万元。方大、方二、方三在该《增资决议》文件上签名，但是该《增资决议》因故未能实施。

因上述《增资决议》一事，方四与其他三名股东心生嫌隙，拟退出瓦伦西公司。经反复协商，四名股东达成《股份转让协议》，约定：（1）方四将其全部股份转让给其他三名股东；（2）股份转让价款250万元由瓦伦西公司支付。瓦伦西公司据此办理了股东名册和公司登记的变更手续。

2018年初，瓦伦西公司拟引进战略投资者安吉娜公司。瓦伦西公司、安吉娜公司、方大、方二、方三共同签署《战略合作协议》，约定：（1）安吉娜公司向瓦伦西公司出资1000万元，持有瓦伦西公司股份20%；（2）若2018、2019年度瓦伦西公司净利润低于2000万元，安吉娜公司有权要求瓦伦西公司支付补偿金，方大、方二、方三对此承担连带责任；（3）安吉娜公司不派员担任董事、监事或者高级管理人员，也不参与瓦伦西公司的日常经营。瓦伦西公司据此办理了股东名册和公司登记的变更手续。

2019年11月，瓦伦西公司因违法经营被吊销执照，方大、方二、方三不知所踪，瓦伦西公司财产被部分员工和债权人哄抢一空，期间安吉娜公司多次试图阻止但未能成功。2020年3月，债权人阿凡达公司申请对瓦伦西公司进行强制清算，法院受理后，发现瓦伦西公司账册、文件、财产下落不明，无法进行清算，遂裁定终结瓦伦西公司清算程序。阿凡达公司遂提起诉讼，请求安吉娜公司、方大、方二、方三承担连带清偿责任。

请问：

（1）张某是否有权查阅并复制瓦伦西公司的会计账簿，为什么？

（2）张某的诉讼请求能否得到支持，为什么？

（3）若方四对《增资决议》持有异议，他可以采取何种措施？

（4）该《股份转让协议》效力如何，为什么？

（5）如何评价该《战略合作协议》的性质和效力？

（6）如果你是安吉娜公司，针对阿凡达公司的诉讼请求，可以提出何种抗辩？

【案例解析与考点延伸】

（1）代持股中的股权归属

名义股东具备股东资格，享有股东权利。例如，在股东会上，名义股东拥有表决权，实际出资人只能基于代持股合同向名义股东发出指示。如果名义股东违背实际出资人的指示投票，实际出资人只能追究其违约责任。再如，公司应当向名义股东分配投资收益，但实际出资人有权基于合同关系请求名义股东返还。又如，实际出资人即便认为公司账簿存在虚假记载，也无权以自己的名义直接提出查账请求，而只能要求名义股东去查阅账簿。

但是，实际出资人有可能主张"浮出水面"。若实际出资人请求公司改变股东名义（变更股东、签发出资证明书、记载于股东名册、记载于公司章程并办理公司登记机关登记），应经其他股东半数以上同意。由于股权归属问题属于内部问题，应当尊重意思主义。即便未经其他股东半数以上同意，实际出资人能够提供证据证明有限责任公司过半数的其他股东知道其实际出资的事实，且对其实际行使股东权利未曾提出异议的，对实际出资人提出的登记为公司股东的请求，也应予以支持。

如果涉及第三人，则股权归属问题属于外部问题，应当尊重外观主义。例如，名义股东的债权人申请强制执行代持股权，实际出资人提出执行异议，是否应予支持？一种观点认为，基于商法外观主义，应当将名义股东认定为股东，实际出资人不享有足以排除强制执行的民事权益。另一种观点认为，商法外观主义不应滥用，如果债权人的债权与代持股权无关，则债权人并无加以特殊保护的原因，反而应当优先保护实际出资人。我们认为，第一种观点更为可取。

（2）公司决议效力

《公司法》第22条规定："公司股东会或者股东大会、董事会的决议内容违反法律、行政法规的无效。股东会或者股东大会、董事会的会议召集程序、表决方式违反法律、行政法规或者公司章程，或者决议内容违反公司章程的，股东可以自决议作出之日起六十日内，请求人民法院撤销。股东依照前款规定提起诉讼的，人民法院可以应公司的请求，要求股东提供相应担保。公司根据股东会或者股东大会、董事会决议已办理变更登记的，人民法院宣告该决议无效或者撤销该决议后，公司应当向公司登记机关申请撤销变更登记。"

《公司法解释（四）》第1条规定："公司股东、董事、监事等请求确认股东会或者股东大会、董事会决议无效或者不成立的，人民法院应当依法予以受理。"第2条规定："依据民法典第八十五条、公司法第二十二条第二款请求撤销股东会或者股东大会、董事会决议的原告，应当在起诉时具有公司股东资格。"第3条规定："原告请求确认股东会或者股东大会、董事会决议不成立、无效或者撤销决议的案件，应当列公司为被告。对决议涉及的其他利害关系人，可以依法列为第三人。一审法庭辩论终结前，其他有原告资格的人以相同的诉讼请求申请参加前款规定诉讼的，可以列为共同原告。"第4条规定："股东请求撤销股东会或者股东大会、董事会决议，符合民法典第八十五条、公司法第二十二条第二款规定的，人民法院应当予以支持，但会议召集程序或者表决方式仅有轻微瑕疵，且对决议未产生实质影响的，人民法院不予支持。"第5条规定："股东会或者股东大会、董事会决议存在下列情形之一，当事人主张决议不成立的，人民法院应当予以支持：（一）公司未召开会议的，但依据公司法第三十七条第二款或者公司章程规定可以不召开股东会或者股东大会而直接作出决定，并由全体股东在决定文件上签名、盖章的除外；（二）会议未对决议事项进行表决的；（三）出席会议的人数或者股东所持表决权不符合公司法或者公司章程规定的；（四）会议的表决结果未达到公司法或者公司章程规定的通过比例的；（五）导致决议不成立的其他情形。"第6条规定："股东会或者股东大会、董事会决议被人民法院判决确认无效或者撤销的，公司依据该决议与善意相对人形成的民事法律关系不受影响。"

（3）增资中的认缴比例问题

《公司法》第34条规定："股东按照实缴的出资比例分取红利；公司新增资本时，股东有权优先按照实缴的出资比例认缴出资。但是，全体股东约定不按照出资比例分取红利或者不按照出资比例优先认缴出资的除外。"这里需要分三种情形处理。第一种情形，股东均要求认缴新增资本，那么，在没有全体股东特别约定的情况下，各股东按照现有实缴出资比例认缴新增资本。第二种情形，部分股东放弃优先认缴权，也没有外部投资者愿意认缴，那么，其他股东按照其实缴出资比例认缴新增资本（包括被股东放弃优先认缴权的部分。第三种情形，根据有效的增资决议，部分股东放弃优先认缴权，由外部投资者认缴，那么，基于公司战略发展优先于人合性的原理，其他股东仅有权优先认缴其实缴出资比例对应的新增资本，而无权对其余部分享有优先于外部投资者的认缴权。

(4) 对赌协议

实践中俗称的"对赌协议",又称估值调整协议,是指投资方与融资方在达成股权性融资协议时,为解决交易双方对目标公司未来发展的不确定性、信息不对称以及代理成本而设计的包含了股权回购、金钱补偿等对未来目标公司的估值进行调整的协议。从订立"对赌协议"的主体来看,有投资方与目标公司的股东或者实际控制人"对赌"、投资方与目标公司"对赌"、投资方与目标公司的股东、目标公司"对赌"等形式。人民法院在审理"对赌协议"纠纷案件时,不仅应当适用民法的相关规定,还应当适用公司法的相关规定;既要坚持鼓励投资方对实体企业特别是科技创新企业投资原则,从而在一定程度上缓解企业融资难问题,又要贯彻资本维持原则和保护债权人合法权益原则,依法平衡投资方、公司债权人、公司之间的利益。对于投资方与目标公司的股东或者实际控制人订立的"对赌协议",如无其他无效事由,认定有效并支持实际履行,实践中并无争议。但投资方与目标公司订立的"对赌协议"是否有效以及能否实际履行,存在争议。对此,应当把握如下处理规则:

投资方与目标公司订立的"对赌协议"在不存在法定无效事由的情况下,目标公司仅以存在股权回购或者金钱补偿约定为由,主张"对赌协议"无效的,人民法院不予支持,但投资方主张实际履行的,人民法院应当审查是否符合公司法关于"股东不得抽逃出资"及股份回购的强制性规定,判决是否支持其诉讼请求。

投资方请求目标公司回购股权的,人民法院应当依据《公司法》第35条关于"股东不得抽逃出资"或者第142条关于股份回购的强制性规定进行审查。经审查,目标公司未完成减资程序的,人民法院应当驳回其诉讼请求。

投资方请求目标公司承担金钱补偿义务的,人民法院应当依据《公司法》第35条关于"股东不得抽逃出资"和第166条关于利润分配的强制性规定进行审查。经审查,目标公司没有利润或者虽有利润但不足以补偿投资方的,人民法院应当驳回或者部分支持其诉讼请求。今后目标公司有利润时,投资方还可以依据该事实另行提起诉讼。

(5) 抗辩型问题

《公司法解释(二)》第18条第2款规定:"有限责任公司的股东、股份有限公司的董事和控股股东因怠于履行义务,导致公司主要财产、账册、重要文件等灭失,无法进行清算,债权人主张其对公司债务承担连带清偿责任的,人民法院应依法予以支持。"如何理解本条规定?

就其构成要件而言,一是怠于履行清算义务。"怠于履行义务",是指有限责任公司的股东在法定清算事由出现后,在能够履行清算义务的情况下,故意拖延、拒绝履行清算义务,或者因过失导致无法进行清算的消极行为。股东举证证明其已经为履行清算义务采取了积极措施,或者小股东举证证明其既不是公司董事会或者监事会成员,也没有选派人员担任该机关成员,且从未参与公司经营管理,以不构成"怠于履行义务"为由,主张其不应当对公司债务承担连带清偿责任的,人民法院依法予以支持。二是因果关系。有限责任公司的股东举证证明其"怠于履行义务"的消极不作为与"公司主要财产、账册、重要文件等灭失,无法进行清算"的结果之间没有因果关系,主张其不应对公司债务承担连带清偿责任的,人民法院依法予以支持。三是诉讼时效期间。公司债权人请求股东对公司债务承担连带清偿责任,股东以公司债权人对公司的债权已经超过诉讼时效期间为由抗辩,经查证属实的,人民法院依法予以支持。公司债权人以《公司法解释(二)》第18条第2款为依据,请求有限责任公司的股东对公司债务承担连带清偿责任的,诉讼时效期间自公司债权人知道或者应当知道公司无法进行清算之日起计算。

　　所谓抗辩型问题，最常见的思路就是围绕构成要件加以否定。从逻辑上讲，原告若欲证明某种责任，则须证明其全部构成要件均已成立（但举证责任倒置的构成要件除外，如过错推定责任的过错，就要由被告举证去否认）。但是，被告若欲否定某种责任，则只需推翻其构成要件之一即可。在本题中，清算义务人责任的三个构成要件，诉讼时效期间明显成立，因果关系因案情未交待而无法触及，所以，被告只好围绕不构成怠于履行义务进行抗辩。

【参考答案】

　　（1）根据《公司法》第33条，张某无权查阅瓦伦西公司的会计账簿，因为张某不是瓦伦西公司的股东，而查阅会计账簿是专属于有限公司股东的权利。张某更无权复制瓦伦西公司的会计账簿，因为会计账簿涉及公司的商业秘密，即使是有限公司股东，也只能查阅而不能复制公司的会计账簿。

　　（2）不能。《公司法解释（三）》第24条第2款规定，实际出资人未经公司其他股东半数以上同意，请求公司变更股东、签发出资证明书、记载于股东名册、记载于公司章程并办理公司登记机关登记的，人民法院不予支持。本案中，瓦伦西公司的其他三名股东中有二人明确反对，法院应当驳回张某的诉讼请求。

　　（3）以瓦伦西公司为被告起诉，请求法院确认决议不成立。根据《公司法》第37条和《公司法解释（四）》第5条，除全体股东以书面形式一致表示同意并由全体股东在决定文件上签名、盖章的情形以外，股东会决议事项必须召开股东会并进行表决，否则该决议不成立。本案中，股东方四明确反对，而瓦伦西公司又没有召开股东会进行表决，因此该决议不成立，股东有权提起确认之诉。

　　（4）部分无效。其中第（1）项关于股份转让的约定，没有违反法律法规，是有效的。但是第（2）项关于价款支付方式的约定，损害了公司和债权人的利益，是无效的。

　　（5）该《战略合作协议》本质上属于对赌协议或估值调整协议，其中约定由瓦伦西公司三名股东支付补偿金的条款，属于有效约定。其中约定由瓦伦西公司支付补偿金的条款，若无其他法定无效事由，也应认定为有效，但是，安吉娜公司请求瓦伦西公司承担金钱补偿义务的，如果瓦伦西没有利润或者虽有利润但不足以补偿安吉娜公司的，人民法院应当驳回或者部分支持其诉讼请求。今后瓦伦西公司有利润时，安吉娜公司还可以依据该事实另行提起诉讼。

　　（6）安吉娜公司应围绕其不构成"怠于履行义务"进行抗辩。《公司法解释（二）》第18条第2款规定："有限责任公司的股东、股份有限公司的董事和控股股东因怠于履行义务，导致公司主要财产、账册、重要文件等灭失，无法进行清算，债权人主张其对公司债务承担连带清偿责任的，人民法院应依法予以支持。"这种责任的前提是股东"怠于履行义务"。但是，本案中，安吉娜公司不派员担任董事、监事或者高级管理人员，也不参与瓦伦西公司的日常经营，且在瓦伦西公司被吊销执照后积极保护其财产，不应认定为"怠于履行义务"，此种责任的构成要件不成立。

　　30. 南洋公司欠安远公司350万元货款，到期后一直未能偿还。安远公司向A县法院申请对南洋公司进行破产清算，A县法院于2015年5月4日裁定受理，同时指定马大帅律师为破产管理人。法院查明，自2014年初开始，南洋公司就已经不能清偿到期债务且资不抵债，但因其董事长汪某在业内人脉广泛，南洋公司尚能勉力维持。

　　南山公司曾于2015年3月与南洋公司签订买卖合同，向南洋公司供应一台机器设备，合同约定的交货期限和付款期限均为2015年6月30日。看到法院发布的公告之后，南山公司向马大帅律师提出解除双方的买卖合同，但是马大帅律师认为该机器设备对于南洋公司的生产经营十分重要，遂通知南山公司继续履行合同。南山公司要求提供担保未果。

　　北山公司因借款纠纷与南洋公司发生诉讼，要求南洋公司偿还借款300万元、利息18万元，B市法院曾于2015年4月15日开庭审理，至今未作出判决。看到A县法院公告之后，北山公司向马大帅律师申报318万元债权，马大帅律师认为，北山公司的债权尚未确定，不应申报，同时该案应当移送A县法院继续审理。

　　马大帅律师调查了南洋公司的财产状况，发现如下财产：（1）厂房和土地使用权，但已经抵押给城市商业银行；（2）机器设备、办公用品、成品、原材料若干；（3）对丙公司享有200万元未到期债权；（4）从嗨嗨汽车租赁公司租来的挖掘机2台。除厂房和土地使用权之外，马大帅律师将其余财产全部列入南洋公司的债务人财产。

　　马大帅律师另查明，董事长汪某在2015年初利用职权领取了2014年度绩效奖金100万元；总经理吴某在其他职工未能按时发放工资的情况下，仍然领取了自己的工资合计36万元。马大帅致函汪某和吴某要求返还，汪某和吴某均予以配合。

　　债权申报期限届满之后，法院召集了第一次债权人会议。就核查债权决议表决时，马大帅律师认为，北山公司和城市商业银行均不享有表决权。另外，由于南洋公司曾经于2014年7月清偿了西山公司的一笔货款（该货款于2015年4月30日到期），城市商业银行要求马大帅律师请求法院撤销该清偿行为。

　　请问：

　　（1）南山公司与南洋公司的买卖合同应当如何处理？为什么？

　　（2）针对北山公司的债权申报，马大帅律师的主张有哪些错误之处？

　　（3）马大帅律师确定的南洋公司债务人财产范围是否正确？为什么？

　　（4）关于北山公司和城市商业银行在债权人会议上的表决权问题，马大帅律师的意见是否正确？为什么？

　　（5）汪某返还给南洋公司的100万元绩效奖金以及吴某返还给南洋公司的36万元工资，将来在破产分配时如何处理？

　　（6）若马大帅律师请求法院撤销南洋公司对西山公司的清偿行为，能否得到支持？为什么？

【案例解析与考点延伸】

　　（1）待履行合同的处理

　　《企业破产法》第18条规定："人民法院受理破产申请后，管理人对破产申请受理前成立而债务人和对方当事人均未履行完毕的合同有权决定解除或者继续履行，并通知对方当事人。管理人自破产申请受理之日起二个月内未通知对方当事人，或者自收到对方当事人催告之日起三十日内未答复的，视为解除合同。管理人决定继续履行合同的，对方当事人应当履行；但是，对方当事人有权要求管理人提供担保。管理人不提供担保的，视为解除合同。"

　　需要注意，如果待履行合同被解除，则对方当事人有权以其所受损失申报债权。如果待履行合同继续履行，则对方当事人的债权，将来作为破产企业的共益债务优先清偿。

　　（2）破产申请受理后的诉讼

　　一是正在进行的民事诉讼。人民法院受理破产申请后，已经开始而尚未终结的有关债务人的民事诉讼，在管理人接管债务人财产和诉讼事务后继续进行。债权人已经对债务人提起的给付之诉，破产申请受理后，人民法院应当继续审理，但是在判定相关当事人实体权利义务时，应当注意与企业破产法及其司法解释的规定相协调。上述裁判作出并生效前，债权人可以根据《企业破产法》第47条规定同时向管理人申报债权，但根据《企业破产法》第59条规定，其作为债权尚未确定的债权人，原则上不得行使表决权，除非人民法院临时确定其债权额。上述裁判生效后，债权人应当根据裁判认定的债权数额在破产程序中依法统一受偿，其对债务人享有的债权利息应当按照《企业破产法》第46条第2款的规定停止计算。

二是新的民事诉讼。①人民法院受理破产申请后，债权人新提起的要求债务人清偿的民事诉讼，人民法院不予受理，同时告知债权人应当向管理人申报债权。债权人申报债权后，对管理人编制的债权表记载有异议的，可以根据《企业破产法》第58条的规定提起债权确认之诉。②人民法院受理破产申请后，有关债务人财产的其他民事诉讼，只能向受理破产申请的法院提起，排除其他一切诉讼管辖规则。但是，已经生效的仲裁协议不受影响。

（3）债务人财产

《企业破产法》第30条规定："破产申请受理时属于债务人的全部财产，以及破产申请受理后至破产程序终结前债务人取得的财产，为债务人财产。"《企业破产法解释（二）》第2条规定："下列财产不应认定为债务人财产：（一）债务人基于仓储、保管、承揽、代销、借用、寄存、租赁等合同或者其他法律关系占有、使用的他人财产；（二）债务人在所有权保留买卖中尚未取得所有权的财产；（三）所有权专属于国家且不得转让的财产；（四）其他依照法律、行政法规不属于债务人的财产。"第3条规定："债务人已依法设定担保物权的特定财产，人民法院应当认定为债务人财产。对债务人的特定财产在担保物权消灭或者实现担保物权后的剩余部分，在破产程序中可用以清偿破产费用、共益债务和其他破产债权。"

（4）破产撤销权

一是欺诈破产行为的撤销。《企业破产法》第31条规定："人民法院受理破产申请前一年内，涉及债务人财产的下列行为，管理人有权请求人民法院予以撤销：（一）无偿转让财产的；（二）以明显不合理的价格进行交易的；（三）对没有财产担保的债务提供财产担保的；（四）对未到期的债务提前清偿的；（五）放弃债权的。"《企业破产法解释（二）》第12条规定："破产申请受理前一年内债务人提前清偿的未到期债务，在破产申请受理前已经到期，管理人请求撤销该清偿行为的，人民法院不予支持。但是，该清偿行为发生在破产申请受理前六个月内且债务人有企业破产法第二条第一款规定情形的除外。"

二是个别清偿行为的撤销。《企业破产法》第32条规定："人民法院受理破产申请前六个月内，债务人有本法第二条第一款规定的情形，仍对个别债权人进行清偿的，管理人有权请求人民法院予以撤销。但是，个别清偿使债务人财产受益的除外。"《企业破产法解释（二）》第15条规定："债务人经诉讼、仲裁、执行程序对债权人进行的个别清偿，管理人依据企业破产法第三十二条的规定请求撤销的，人民法院不予支持。但是，债务人与债权人恶意串通损害其他债权人利益的除外。"《企业破产法解释（二）》第16条规定："债务人对债权人进行的以下个别清偿，管理人依据企业破产法第三十二条的规定请求撤销的，人民法院不予支持：（一）债务人为维系基本生产需要而支付水费、电费等的；（二）债务人支付劳动报酬、人身损害赔偿金的；（三）使债务人财产受益的其他个别清偿。"

三是管理人特别追回权。《企业破产法》第36条规定："债务人的董事、监事和高级管理人员利用职权从企业获取的非正常收入和侵占的企业财产，管理人应当追回。"《企业破产法解释（二）》第24条规定："债务人有企业破产法第二条第一款规定的情形时，债务人的董事、监事和高级管理人员利用职权获取的以下收入，人民法院应当认定为企业破产法第三十六条规定的非正常收入：（一）绩效奖金；（二）普遍拖欠职工工资情况下获取的工资性收入；（三）其他非正常收入。债务人的董事、监事和高级管理人员拒不向管理人返还上述债务人财产，管理人主张上述人员予以返还的，人民法院应予支持。债务人的董事、监事和高级管理人员因返还第一款第（一）项、第（三）项非正常收入形成的债权，可以作为普通破产债权清偿。因返还第一款第（二）项非正常收入形成的债权，依据企业破产法第一百一十三条第三款的规定，按照该企业职工平均工资计算的部分作为拖欠职工工资清偿；高出该企业职工平均工资计算的部分，可以作为普通破产债权清偿。"

【参考答案】

（1）根据《企业破产法》第18条，该买卖合同视为解除。对于待履行合同，管理人决定继续履行的，对方当事人有权要求管理人提供担保。管理人不提供担保的，视为解除合同。

（2）首先，根据《企业破产法》第47条，诉讼未决债权可以申报，所以北山公司可以申报债权；其次，根据《企业破产法》第20条，该案应当中止诉讼，在管理人接管债务人财产之后，在B市法院继续审理，而不必移送至A县法院。

（3）不正确。根据《企业破产法》第30条以及《企业破产法解释（二）》第2条、第3条，厂房和土地使用权属于南洋公司的债务人财产，而租赁的2台挖掘机不属于南洋公司的债务人财产。

（4）不正确。根据《企业破产法》第59条，对于核查债权的决议，北山公司无表决权，除非法院为其行使表决权而临时确定债权数额，但城市商业银行有表决权。

（5）根据《企业破产法解释（二）》第24条的规定，汪某返还的100万元绩效奖金，可以作为普通债权清偿。吴某返还的36万元工资，按照南洋公司职工平均工资计算的部分作为拖欠职工工资清偿；高出南洋公司职工平均工资计算的部分，可以作为普通破产债权清偿。

（6）不支持。根据《企业破产法》第31条和《企业破产法解释（二）》第12条，破产申请受理前一年内，债务人对未到期债务的提前清偿行为，若该债务在破产申请受理前已经到期，管理人不得请求撤销。